河北省青少年爱党爱国教育丛书

历史河北

第二辑 谁家天下

张增良◎主编

张雨贵◎编著

花山文艺出版社

图书在版编目（CIP）数据

历史河北：第二辑 谁家天下 / 张雨贵编著.—石家庄：花山文艺出版社，2018.7（2020.6 重印）
（河北省青少年爱党爱国教育丛书 / 张增良主编）
ISBN 978-7-5511-4087-4

Ⅰ.①历…Ⅱ.①张…Ⅲ.①河北－地方史－青少年读物Ⅳ.①K292.2-49

中国版本图书馆CIP数据核字(2018)第158253号

丛 书 名	河北省青少年爱党爱国教育丛书
书 名	**历史河北：第二辑 谁家天下**
主 编	张增良
编 著	张雨贵

责任编辑： 董 舸
责任校对： 李 伟
封面设计： 景 轩
美术编辑： 胡彤亮
出版发行： 花山文艺出版社（邮政编码：050061）
　　　　　　　（河北省石家庄市友谊北大街330号）
销售热线： 0311-88643221/29/31/32/26
传　　真： 0311-88643225
印　　刷： 大厂回族自治县正兴印务有限公司
经　　销： 新华书店
开　　本： 787×1092　1/16
印　　张： 6.75
字　　数： 70千字
版　　次： 2018年10月第1版
　　　　　　　2020年6月第2次印刷
书　　号： ISBN 978-7-5511-4087-4
定　　价： 19.80元

充分利用乡土教材
培育爱党爱国情怀

顾秀莲 二〇一七年
七月二十四日

丛书编委会

顾　问：叶连松　杨新农　龚焕文　李月辉
　　　　王加林　白润璋　刘健生　侯志奎
主　编：张增良
副主编：尹考臻　张雨贵　刘志国　王　靖

序言 为了祖国的明天和未来

　　活泼可爱的儿童是祖国的花朵，朝气蓬勃的青年一代是中国的希望和未来。少年强则中国强，青年智则民族兴。关心青少年，就是关心祖国的明天；爱护青少年，就是爱护民族的未来。以习近平总书记为核心的党中央，非常重视青少年的培养和教育，始终把关心和培养祖国下一代，置于民族发展战略的高度来抓，强调"做好关心下一代工作，关系中华民族伟大复兴"，要"团结教育广大青少年听党话、跟党走"。习近平总书记语重心长地对孩子们说："今天做祖国的好儿童，明天做中国的建设者。美好的生活属于你们，美好的中国梦属于你们。"并指出：要对青少年进行党史和国史教育，以使他们更高地举起旗，接好班，使中国更雄伟地屹立于世界民族之林。中国关心下一代工作委员会主任顾秀莲同志指出："党史国史内容丰富、博大精深，是我们党丰富的思想宝藏。党史国史教育作为青少年理想信念教育的基础工程，必须坚持以立德树人为根本任务，占据理想信念制高点，突出重点，务求实效，充分发挥党史国史教育的综合育人功能，以史树德、以史增智、以史育美、以史创新，促进青少年德智体美劳全面发展。"中共河北省委书记赵克志同志指出："要认真学习贯彻习近平总书记关于做好关心下一代工作的重要指示，坚持服务青少年的正确方向，着力加强青少年思想道德建设，教育引导青少年树立和践行社会主义核心价值观，听党话、跟党走，做中国特色社会主义事业的合格建设者和可靠接班人。"组织编写《河北省青少年爱党爱国教育丛书》，就是河北省关心下一代工作委员会认真贯彻落实习近平总书记重要指示精神的一项举措。

要抓好党史国史教育，就必须把丰厚的教育资源转化为教育成果。河北省属京畿重地，濒临渤海，背靠太岳，携揽"三北"，战略地位十分重要。河北是一片孕育文明的热土，最早迎来人类文明的曙光。当一万多年前人类还处于茹毛饮血的原始状态时，河北的先民就学会了农业种植，掌握了家禽养殖，用聪明才智和勤劳的双手，创造出了东方人类的生活文明。河北是一片神奇的土地，大自然的鬼斧神工造化出迷人的景色，闪烁着无穷的魅力，让世人叹为观止。太行燕山，赤壁丹崖，谷幽峰奇；渤海浪涌，海鸥翻飞，巨轮鸣笛；更有璀璨明珠般的淡水湖泊白洋淀、衡水湖，横卧在著名的华北大平原上，焕发着迷人的英姿。这里不仅有良好的生态环境，还拥有深厚的文化底蕴。河北也是一片文化的沃土，珍藏和记载了几千年的传奇。翻开厚重的史册，在河北这片土地上，不仅出现过像曹雪芹这样的文学大家，李春这样的能工巧匠，更有众多生活在基层的平民百姓，创造和推动着文化繁荣。而被尊称为戏剧活化石的傩戏，更是吸引了全世界的目光。河北更是一片红色的热土，耸立着一座又一座英雄丰碑。摧枯拉朽的燎原烈火，就是从这片英雄的土地上较早地点燃。伟大的革命先驱李大钊，以在中国传播马克思主义和创建中国共产党的伟大实践，奠定了他在中国革命历史上的崇高地位，更以其"铁肩担道义"的牺牲精神，成为中华民族的革命先驱。在河北这片热土上，不仅有全国第一个农村党支部——安平县台城村党支部的诞生地，也有中国北方苏维埃政权的试验田。河北不仅有良好的革命传统，而且英雄辈出，抗日战争期间，白洋淀水上游击"雁翎队"、回民支队、狼牙山五壮士等英雄事迹蜚声国内外。而中国革命战争最后一个农村指挥所——西柏坡，更是在广大人民心中享有和韶山、瑞金、延安一样神圣地位的红色纪念地。以毛泽东同志为核心的党中央在西柏坡时期的辉煌历史和成功经验，铸就了伟大的西柏坡精神。西柏坡精神是井冈山精神、长征精神、延安精神的继承、延续和发展，具有鲜明的时代特征。在这片光荣而多彩的土地上，有着取之不尽、用之不竭的教育资源，为加强对青少年进行党史和国史教育，提供了雄厚的基础和良好的条件。如何努力把这些资源优势转化成教育成果，是我们义不容辞的一项任务，也是我们必须肩负的历史责任。

要抓好党史国史教育，就要针对青少年的特点，有的放矢地开展工作。只有实施精准教育，才能收到理想的效果。青少年是一个特殊的群体，正处于长身体长知识的重要时期。如何对他们开展党史和国史教育，是一项科学而重要的工作。要使这项工作取得良好成效，必须要把握好四个重点：

第一，要明确教育的宗旨和目的，培养孩子们的理想和信念。对青少年进行党史国史教育，根本目的就是要让他们知道：今天的幸福生活不是从天上掉下来的，而是我们的先辈凭着勤劳、勇敢和智慧，经过漫长的岁月创造出来的。今天的和平生活，也不是凭空而来，而是无数革命先烈用他们的热血和生命换来的。要让他们从小就懂得珍爱和平岁月，不忘革命历史，在幼小的心灵播下革命的种子，牢固树立感党恩、跟党走的理想和信念。

第二，要针对青少年求知欲强的特点，尽可能地开拓他们的知识视野。我们编写的《河北省青少年爱党爱国教育丛书》是青少年的课外读物，通俗易懂，趣味性强。各级关工委和广大"五老"要用青少年容易接受的思维和方法，运用青少年喜欢的语言，讲好青少年喜闻乐见的故事。

第三，要注重家庭、注重家教、注重家风，促进家校合作，办好家长学校，推动家庭文明建设。家庭是社会的细胞，家和万事兴，家庭是子女教育的摇篮。要高度重视家规、家教、家风教育和传承，弘扬优秀家规、家教、家风；涵养新时代的美好家风，是落实和践行社会主义核心价值观的重要基础。治国先治家，优良的家规、家教、家风是治家教子、立身处世的载体，是中华民族优秀传统文化的重要内容，这不仅是对青少年教育的真谛，而且对未来成年人、对党员干部的品德、修养，直至遵规守法、廉洁自律、忠诚报国、公正法治、诚信友善等都将奠定深厚的基础。因此，学校、家长和广大"五老"一定要把这套系列丛书内容融入家庭、家教、家风的教育中，努力办好家长学校，推动社会主义核心价值观在家庭文明建设中落地生根。

第四，要长期坚持，让青少年在潜移默化中受到教育。教育青少年一代热爱党、热爱祖国，是一项长期的战略任务，必须长期坚持，才能收到理想的效果。编写这套爱党爱国教育丛书，只是众多方式和方法中的一个有益尝试。除了与时俱进，认真编写，争取年年都有新内容，书书都有新特点外，还应该利用影视、戏剧、广播等多渠道、多形式更广泛地开展党史国史教育。

为适应上述四点要求，在切实抓好党史国史教育的同时，还必须认真总结经验，吸取各地先进经验，力争不断提高。对青少年进行党史和国史教育，每年都应该有所进展，有所提高。这就要求我们必须认真总结经验，不断探索新途径，尝试新方法。这套丛书的出版，让人们欣喜地看到，河北省关工委给青少年朋友办了一件好事、实事。我深深感受到，这套系列丛书总体上编写思路清晰、目标任务明确、教育重点突出。各位编著者在编写上是下了功夫的，在组织稿件上切实把握住了党史国史教育的宗旨、内涵以及青少年的阅读特点，体现出了为青少年量身定制的特点。而且这不同于一般的教材，每一册都围绕着编写主旨，集中表达一个主题，体现了时代性和适应青少年阅读兴趣，是一套容易受到青少年喜欢的读物。按照这样的思路，接连不断地编写下去，日积月累，必定能够收到"润物细无声"的理想效果。我们一定要把这件事作为关心和培养下一代的一项重要工作抓紧抓好，为孩子们架起一道道理想的彩虹，谱写出一曲曲迎接光辉未来的动人之歌！

2017年7月19日

前　言

世界上没有一个民族的发展史，不是从原始社会开始的。同样，也没有任何一个民族的原始社会，不被奴隶社会所取代。这是因为私有制的产生，把原始社会裂变成阶级社会的必然结果。由原始社会进入到阶级社会，是学习和研究历史的一个重要拐点。

听了这话，你是不是觉得很别扭，也有些茫然？如果你一时还没有弄明白，那咱就通俗点来说。

原始社会人类面临的主要矛盾是什么？简单点来说，就是生存问题。那时的人们，不用发愁考不上重点中学，没有学习压力，只要饿不着，冻不着，能够活下去就行。那时的人类，主要靠采集野果和捕捉动物为食，以树叶或野草穿在身上取暖。如果遇到刮风下雨等恶劣天气，就只能躲到大树上或山洞里。虽然在劳动实践中学会了使用一些简单的生产工具，但也是很笨重很落后的，且数量太少，远远不能满足需要。洪水、风雪、干旱、地震等自然灾害，野火、野兽、疾病等意外伤害，都对人类的生存形成了巨大的威胁。为了争取收获更大的生活物资，提供生存的安全保障，他们以血缘为纽带，形成了一个又一个的部落，同心协力，同舟共济，过着同甘共苦的集体生活。随着人口的不断增多，部落与部落之间，还经常因为生存空间的争夺而发生冲突。以上种种，可以说原始社会人

位于张家口市涿鹿县的中华合符坛

类面临的主要矛盾是人与自然环境的矛盾。

在第一辑中的最后，我们讲到了釜山合符。釜山合符的伟大功绩，就是黄帝平息了各部落间为争夺领地而发生的矛盾冲突，使部落之间都团结起来，把人类的主要精力都集中到改善生存环境上来。釜山合符以后，华夏古国王朝宣布成立，在中原大地上基本上停止了战争。人们日出而作，日落而息，团结和睦，过着无忧无虑的幸福生活，中华文明也随之大踏步向前迈进。社会生产力发展，各民族之间安居乐业，和平相处，社会上祥瑞之事，层出不穷。如"凤凰巢于庭院，麒麟游于苑圃"，到处呈现出一片国泰民安的盛世景象。

可以说，釜山合符以后的一个时期，是中华民族历史上一个相对来说比较幸福和安宁的理想社会。按今天的话来说，就是人民"幸福指数"比较高的一个历史时期。从那之后，人们常常用"尧、舜、禹"，来象征社会的安宁和美好。就连一代伟人毛泽东在描述时代昌盛时，也写出了"春风杨柳万千条，六亿神州尽舜尧"这样的诗句。

然而，随着人民创造的文明成果日益丰富，社会的主要矛盾，便由原先人与自然环境的矛盾，被文明成果的分配不公所取代。于是，私有制便产生了，拥有社会财富的不平均，决定了社会地位的不平等，将原先基本公平的社会分裂成了阶级社会。处于社会上层地位的能人霸主，不仅加强了对下层群众的统治，而且也加剧了对同一阶层话语权的争夺。斗争的最高形式，就是新的战争，争夺的终极目标，就是天下到底属于谁家？

由原始社会向阶级社会的转换，是一个漫长的过程。这个过程转换的实质，就是国家最高权力的接替形式由禅让制被世袭制所取代。禅让制仅仅禅让了三次，便在第三代国君禹帝的身后结束了。自禹之后，就转变成为代代世袭的家天下。由禅让制转变为世袭制，是中华民族发展史上的一个重要转折点。

当你读到这里，肯定要暗自发笑了。心想，你不是要说河北历史吗，怎么又扯到中国历史上去了呢？这与我们河北有关吗？

朋友你问得好，不少大人对这个问题也产生过疑问。但在我看来，这一段历史确实与河北有关。理由是：这件事主要发生在禹的身上，而禹的父亲是鲧，鲧的父亲是颛顼帝，颛顼的父亲是昌意，昌意的父亲是黄帝。禹，是黄帝的玄孙，颛顼帝的孙子。既然大家都认定釜山合符之地就在河北的张家口，那么自然也就应该认同黄帝这一血脉是河北老乡。讲河北老乡的故事，自然也就是讲河北的历史。其次，大禹治水是从河北沧州始，自然大禹也就和河北有着密切关系。其三，大禹之后的夏朝，版图主要在河北、山东、河南交界处，而河北又是九州之首，自然那个时代的故事都和河北有关。其四，也是最有力的，就是原先出版的一些书籍，如《可爱的河北》等，都将大禹列为河北名人，那么我们讲大禹，自然也就是在讲河北的历史了。

其实，禅让制被世袭制所取代，究竟属于不属于河北的历史，并不重要。重要的在于我们通过这一段历史的学习，增强我们的历史阅历，坚定文化自信，激励民族复兴的信念。

还是回过头来，看一看我们中华民族，是怎么由原始社会蜕变为阶级社会，禅让制又怎么被世袭制取代的吧！

目 录

第一章　创清明世界　开禅让先河

尧是中国历史上一位十分重要的人物，他开创了帝位禅让的先河，因此，在人民群众中有着很深远的影响，深受世代百姓的爱戴，有着很好的口碑。虽然史学界对禅让之说多有存疑，但这一充满正能量的创举，却是一份宝贵的民族文化遗产。

—

为了说明尧帝禅让的重大意义，咱们还是从黄帝之后说起吧！

黄帝死后，他的儿子昌意之子高阳，也就是黄帝的孙子接替了帝位，称为颛顼帝。颛顼死后，黄帝的曾孙、他的另一个儿子玄嚣的孙子高辛继承帝位，称为喾帝。帝喾之后，又传位给儿子挚。帝挚死后，他的弟弟放勋继位，这就是尧帝。

从上面远古时代的帝位更替来看，在尧帝之前的权力交接，都是建立在世袭基础上的。尧帝的权力，就是从他哥哥挚的手上接过来的。

也许有人会产生疑问，作为统治天下百姓的帝王尊位，这样父传子、子传孙、兄传弟的，难道就没有人起来造反？那么一个尊贵的帝王宝座，难道就没有人觊觎？

　　你还真不用担心，那时的人除了对帝位充满敬仰外，还真没有人想抢夺的。一是因为黄帝的威望已经征服了民心；二是黄帝之后的掌权人物一直沿用黄帝既定的治国方针，国泰民安，老百姓对国家政权充满信任；三是人民的愿望和要求就是温饱，当这个要求满足以后，便也就安分守己，不会生事生乱。更重要的是那时的公权力，主要就是解决民生问题，并没有什么特权。当官的除了尽心尽责为老百姓服务外，也没有什么特殊之处。所以，在大家看来，黄

尧山景色

帝死了，他的儿子接过父亲的权力继续为老百姓服务，儿子死了再传给孙子，都是顺理成章的事情。至于哥哥死了，把帝位传给兄弟，也就更算不得什么事情了。

　　当帝位传到帝尧的手里后，帝尧的工作热情和工作能力，比他之前的几位，表现得更加出色。他能以诚挚之心，团结天下各部族的首领，对老百姓更加体贴照顾，施以仁政，深得天下百姓的拥戴。更为突出的表现是，他注重促进生产力的解放和发展，鼓励研究和发明，因此使各项事业都欣欣向荣，人民安居乐业，使社会的文明和进步迈向了一个更高的台阶。

　　帝尧在帝位的位置上，越干越顺手，越干越开心，一干就干了七十年。

　　随着尧的年龄越来越大，一个不能回避的问题，便越来越让他不得安心。接过哥哥的帝位后，他已经干了一个甲子都多了十年，不能再干下去了。他知道人总是要死的，他也不能一直干下去啊？

为了使中华民族永远繁荣昌盛，他总得找一个贤明的人来接替自己的位置啊！可这个贤明的人在哪里呢？他应该把帝王这把椅子交给谁呢？

二

尧决心要选拔一个贤能的人来接替自己的权力。

于是，尧帝就把四方部族的领袖们都召集起来，对他们说："各位，我在位已经七十年了。现在，我老了，实在是不能再干下去了。咱们都是龙的传人，为了使我们的民族永远地繁荣昌盛，咱总得物色一个聪明能干的贤能达士，来接着干下去啊！你们看，有谁能来接替我的位子呀？"

众部落首领听了，一时都没有说话。虽然大家都十分拥戴帝尧，但心里也一直为他的辛劳而担忧。看着头发早就雪白的尧，首领们心里都说，你早就应该歇工了。你为老百姓服务的衷心，我们都是看得到的。但你这么大的岁数了，那么劳累，我们也心疼啊！可你要问让谁干好，那我们可不好张口呢！这不是我们不说，而是明摆着的事情，有什么好说呢？你不干了，就把帝位让给你的儿子，不就行了吗？这有什么好商量的呢？

帝尧有一个儿子叫丹朱，一表人才，聪明精悍，锐气外泄，一看就不是一个善茬儿。由于出生在帝王之家，从小他便有一种优越感，不管什么事情，那总是吃不得亏的。大家自然也都知道，丹朱是帝尧的儿子，将来那是要注定做帝王的，因此，没有谁不对他礼让三分的。既然老帝王要退位，丹朱自然是不二人选。

见大家都沉默不语，有个叫放齐的部落首领，便站了出来，说："您的儿子丹朱，年富力强，聪明能干，自然可以继承您的帝位。"

显然，在大家都默不作声的情况下，放齐这样说是在讨好尧

尧帝禅让图

帝。他和在场的首领们想的一样，以为帝尧之所以要召集这样的会，不过是想让大家推荐自己的儿子，让大家帮助他做自己不便做的事情罢了。其他的领袖们之所以不说，是不想讨帝尧的好。而这个放齐却管不了那么多，于是便把大家想说而又不愿意说的话说出来了。

不想尧帝听了，根本不买放齐的账，不仅没有高兴起来，反而生起气来了。他斥责放齐道："你在说什么呢？你说让我儿子丹朱来干？他要是能干得了，那我还召集你们来商量什么啊？丹朱虽然是我的儿子，可他是个什么人，我还不知道？整天游手好闲、顽劣不堪，又喜欢同人家争吵，这种人怎么能担当起管理国家的大任呢？"

见尧这么说，放齐就不敢吱声了。可还有人看不出个眉高眼低，继续规劝道："丹朱公子虽然顽皮些，但是可以教育好的。况且，以前各位先帝，也都是传位给自己子孙的。如果我们大家都像拥戴你一样，极力帮扶，这天下还会是昌盛的。再说，帝王这把椅子，从黄帝开始，就是这样传下来的。要是不把帝位传给丹朱，那丹朱该多么伤心痛苦啊！"

听了这些话，尧帝眉毛一挑，正色道："至于你说的这个问题，我考虑了不止一遍两遍了。但考虑来，考虑去，还真不能为了一己之私，把权力交给丹朱这样的人。因为，把权力交给贤人，天下人便都可以得到好处，只是丹朱一个人痛苦。如果把权力传给丹朱，那全天下人就都会痛苦，只丹朱一人得到好处。我总不能拿天下人的痛苦，去造福丹朱一个人吧！你们想一想，是不是这个道理呢？"

众首领听了，心里顿然敞亮起来，才明白了尧帝今天开会的真正用意。于是便在心里对尧帝这种宽敞透彻的胸襟，感到由衷的钦佩。

为了进一步打消众首领的顾虑，尧下令将丹朱流放到南方一个偏远的叫丹水的地方，去接受群众的再教育，走和广大老百姓相结合的道路，在实践中增长才干。然后，让大家继续举荐贤能。

三

没过多久，有一个部落的首领对尧帝说："共工做过不少有益的事情，颇有成绩。我看可以让他继承帝位。"

尧听罢，直摇头，立即否定了这个部落首领的推荐。其理由是"共工巧言令色，却用心不良；表面上做事、待人毕恭毕敬，实际上却连上天都敢欺瞒。这种人不能用！"

又过了一段时间，他听到人们都说有一个叫许由的人是一位高士贤人，隐居在箕山里头。于是，尧就对许由这个人的人品进行了考察，所听之言，都是对许由的赞许声。于是，他便跑到山里去找许由。

到了许由隐居的地方，远远便看见许由身边围着一大群人，许由正在那里高谈阔论。尧站在一旁默默地听了起来，果然出言都是高论。这一来，便对许由这个人选更放心了，做出了一定要把帝位让给许由的决定。

许由讲完后，围观的百姓们便都走开了。这时，尧帝就恭恭敬敬地走了上去，很真诚地对许由说了自己想把帝位让给他的想法。

许由听了，一脸的不屑，一点反应也没有。尧帝以为他犹豫不决，于是就进一步说："先生啊！如果日月高挂在天空，那么火把就是多余的了；如果天上下起大雨，那么还用得着人工浇灌吗？现在有您这样的高士，我还尸位素餐做什么呢？请您出来治理天下吧！"

许由是一个性格很古怪的人，也是一个自认为很清高的人。尧帝让他去管理天下，在他看来就是对他的一种侮辱。心想我这样一个清闲高士，自由自在的，像个活神仙一样，去当什么官啊？但他心里也知道，尧帝举荐他，也是出于一片好心。于是便说："我看还是算了吧。你把天下治理得已经很好了，我再出来当天子，难道是为了博得名声吗？名声这玩意儿，是很次要的东西，我实在用不着。打个比方吧，就算一大片树林都归鹪鹩所有，它也不过在一根树枝上筑巢；就算一整条大河都归鼹鼠所有，它喝水也不过充满它的小肚皮——我要那么大的名声干啥呢？你还是回去吧。就算厨师不做饭，管祭祀的尸祝，也不应该代替厨师去准备祭祀的酒菜呀！"

最后这句话，原话是这样说的："庖人虽不治庖，尸祝不越樽俎而代之矣。""越俎代庖"这句成语，就是这样来的。

许由说完，便把嘴绷住了，再不想多说一句。那样子看上去，的确是很牛的。

可尧还是不死心，心想费了这么大的劲儿，好不容易找到了这么一位贤能，怎么能放过他呢？他越是表现得清高，就越说明这个人与众不同，有治国理政的能力。于是，便又嘟嘟囔囔地在一旁劝说。

许由听得不耐烦了，起身跑到一条叫作颍水的小河边上，去捧起水来，很认真地洗起了自己的耳朵。意思是说尧说的这些话脏了他的耳朵，这无疑是对尧帝的一种羞辱。

尧帝看见人家这么决绝，也不好再说什么，只好悻悻地回去了。

这一切，被一个叫巢父的农人，在一旁看了个真真切切，心里很是愤然。于是，便牵着他的牛从远处来到了小河边，故意问许由在这儿洗耳朵是怎么回事。

许由把尧让天下的事情告诉了巢父。

巢父听了，撇着嘴一笑，嘲讽他说："你快别假充高人隐士了。你如果真的是隐士，就应该悄悄地待在深山里，躲在大树林中，那样谁还会知道你呢？像你现在这样，到处演讲卖弄嘴皮子，搞得满城风雨，生怕别人不知道你有本事，名声越来越大，连天子都知道了。尧帝知道了你的名声，真心诚意地想把天下让给你，可你又假装清高，还装模作样地洗耳朵，你还好意思说自己是隐士吗？"

巢父一边说着，一边牵着自己的牛往小河的上游走去。回过头来，对许由说："我的牛要到上游去喝水，别让你洗耳朵的水脏了我的牛嘴！"

许由听了，羞愧不已。从那以后便住在了深山里，再也不在人前张扬和卖弄自己了。据说河北唐县有一个叫许由村的村庄，最早就是许由住过的村庄。

四

随着年龄越来越大，尧帝寻找接班人的问题就越来越让他闹心。自己的儿子，没有治国理政的才能。而有才能的人，或是躲起来找不见，或是图清高不愿意干。这可怎么办呢？

按说吧，尧帝把天下交给自己的儿子丹朱，也没有什么，和平盛世，掌管天下也没有多少事情要做。可尧帝却不这么想，他不能把江山传给一个不思进取的人，空享帝君的待遇和荣耀。

又过了一段时间，有四个部族首领经过反复考察，共同向尧推荐了一个人。他们说："听说历山地方有一个青年，叫舜的，是有虞氏的后代，在群众中的威望很高，品行很不错。要是让他接替你治理天下，肯定不会辜负你的期望。"

尧听了后，心头很是喜悦。说："我也听说过这个人。咱们了解、考察他一下吧。"

尧有两个女儿，一个叫娥皇，一个叫女英。两个女儿长得都和仙女似的，又聪明，又贤惠，还都是养蚕的好手。为了考察舜的人品和才干，尧就将两个女儿嫁给了舜。这时候，舜刚满三十岁。

舜的名字叫重华。之所以叫这样的一个名字，是因为他的眼睛里长着两个瞳子。他的父亲叫瞽叟，是个盲人。舜从小就死了母亲，盲人父亲又娶了个妻子。于是他受尽了继母的虐待。不久，继母生了个儿子，名叫象。由于象从小娇生惯养，渐渐养成了桀骜不驯的骄横性格。但舜从不计较，一直小心翼翼地孝顺父亲和后母，迁就和关心弟弟。这种忍辱负重的品格，不仅巩固了家庭的和睦，也赢得了老百姓的口碑。

舜干过许多工作。他曾经在历山种过田，在雷泽捕过鱼，在黄河边上做过陶器，在寿丘做过多种手艺，甚至还在负夏做过小生意。但是，无论做什么工作，他都专心致志，十分认真，干得很是出色。

由于舜的品德高尚，许多民众都纷纷前来归附他。他住过的地方，往往一年就成了村落，二年便成为城邑，三年后，就变成都市了。

尧了解到这些情况后，很是高兴，就赏给舜用细葛做的衣服和一架琴，另外，还送给他不少牛羊，为他建造了存放粮食的仓库。

然而，舜宽厚仁慈的心肠和博大的胸怀虽然感动了周围的百姓，却改变不了自己父母兄弟的险恶用心。他们见舜受到了尧的赏识，并且将两个女儿许配给舜为妻，还得到了许多赏赐，心中又是妒忌又是眼馋，于是就一次次合谋害他。

一个天气炎热的中午，叟说粮仓的顶上出现了缝隙，叫舜到仓顶上用泥涂抹。舜二话没说，就上了仓顶。由于太阳晒得太厉害，舜随身带了两个斗笠，一个戴在头上遮阴，另一个准备覆盖在刚抹好的缝隙上。当舜正专心致志地在仓顶上修补的时候，瞍却残忍地在仓底下放起火来。舜急中生智，赶紧将两个斗笠抓在两只手里，伸开两臂，纵身从高高的仓顶上跳了下去。

狠心的瞍一计不成，又生一计。他和小儿子象合谋，叫舜去淘井。舜的两个妻子有了警惕，就让舜先在井底挖好了一条横向的秘密出口。果然，在快完工时瞍和象突然从井口往下扔土块和石头，不一会儿就将井填死了。父子两人以为这次舜一定死在井里了。于是，就商量着分起舜的财产。

象对瞍说："这个计策是我主谋的，舜的妻子和琴归我。粮食和他的牛羊，都归你和母亲。"

说完，象就大模大样地来到了舜的卧室里，并且得意非凡地弹起了琴。

正在这时，舜推门进来了。象吓得魂不附体，窘得面红耳赤，只好讪讪地退出了舜的房间。

舜并没有因此而记恨于瞍和象，反而更加孝顺父母亲，关心和爱护弟弟象，好像他们之间根本没有发生过什么事一样。

尧听了两个女儿的汇报后，十分满意。于是，他就又让舜担任各种公职，舜也将各种事务都处理得井井有条。通过各方面近二十年的考察，尧帝终于下了决心，将权力托付给了舜，自己就告老在家休养了。

尧把天下交付给舜，完成了自己的一个心愿，同时也用实际行动告诉世人，这天下是人民的天下，应该归全体人民共同享有。决不能为了一己之私，而将天下变成一家的天下。人民的天下，当然应该由人民来管理。只有那些全心全意为劳苦大众服务的人，才能坐天下，也才有资格坐天下。

尧帝的品格，受到了世世代代民众的敬仰，他禅让天下的创举，也成为史上久传不衰的佳话。

第二章　恪尽职守继往业　天下为公开未来

　　舜从尧的手上接过天下以后，生怕对不起尧的信任，无时不兢兢业业，把全部精力都投入到天下的治理上。舜帝当政时期，在尧帝仁政抚民的基础上，完善律法，确立爵位，修正仪礼，体察民情，开诚议政，明布政教，团结诸族，治理洪水，安国定民，发展农业，开拓疆域，统一时序，制乐作典，为推进社会的进步和文明，做出了卓越的贡献。在他以德育人的思想影响下，选贤任能，君臣和谐，集思广益，福泽百姓，形成了一个政治清明，社会安定，五谷丰登，人民安康，政治、经济、文化都迅速发展的时代。鉴于舜的功绩，人们把他尊称为"五帝"之一。舜在位时都做了哪些载入史册的历史功绩呢？我们来简单地盘点一下。

选贤任能，人尽其才

　　舜继天子之位后，在尧帝的基础上，施行自己的执政理念，在用人制度上进行了改革。在尧帝时代，有"八恺"和"八元"，非常著名。所谓八恺，"八"指的是八个人，所谓"恺"是指性情和善。八恺说的是高阳氏的八个子孙，个个都德才兼备，性情和善，为人宽厚，世人得到了他们很多的好处。八元中"八"指的也是八个人，"元"指禀性善良，"八元"说的是高辛氏的八个子孙，除了善良也非常有德行。高阳氏和高辛氏家族的"八恺""八元"也都是贵胄之身，君侯之后。这儿所说的高阳氏就是颛顼帝，也就是黄帝的孙子。"八恺"就是颛顼帝的后代，高辛氏就是五帝之一的喾，颛顼死后，玄嚣的孙子即位就是喾，"八元"就是帝喾的后代。所以相当于是十六个皇族后裔，他们一直保持着祖上的美德，世世代代没有败坏先人的名声，而且所在的各个部族也都非常团结，彼此间和睦相处。但是因为种种原因，尧帝并没有真正起用他们，他们也因此一直没有发挥出应有的作用。舜帝执掌天下后，首先举荐人才，选贤任能，打破尧帝原先对有些人不能起用的旧制，举八恺，用八元，流四凶，明事理，把鲧、皋陶、契、后稷、伯夷、夔、龙、垂、益、彭祖等有学识，有民望的人才，都根据特长，妥善地进行了安排，明确分工，因人授命。舜把这些人才作为自己施政的得力助手，组阁起自己的领导班子。他任用鲧为司空，辅佐自己处理政务，并让其治理天下滔滔洪水，使百姓能免除水患，安居乐业。让后稷来主管农业，按照节令来指导谷物播种与收获。任用契来主管教化，在人民中间宣扬五典，规范人们的行为。任用皋陶主管司法，治内降外，安定社会。任用垂主管百工技艺。以益为虞官，主管山林鸟兽。让伯夷来主持各种典礼、祭祀活动。让夔主管器乐制作，统一音律和文艺创作。让龙主管监听议政，倾听各界群众对朝政的批评和指点。

完善机制，分州封爵

舜说："德不高不可让他居主位，功不高不可施厚禄，才不高不可让他任官职。大德至仁才可授予国柄，贤而谦让才可以给予尊位。"舜执政后，通过巡狩四方，了解民情，把天下划分为十二州，分封了十二方诸侯，让他们各领其地，各司其职，各主其事。然后每五年巡视一次，体察民情，察看各诸侯执行中央政令的情况，并按考绩进行赏赐。还规定各诸侯定期来朝觐见述职，汇报政绩。为明确职级，使各阶层官宦明确自己的责任，舜还规定了各级爵位的官职衣服，以日月、山龙、华虫、宗彝、藻等十二种图案和色彩作为十二章，以明确爵位与等级，天子十二章，公侯九章，伯七章，子男五章，卿大夫三章。

舜帝画像

舜所推行的职级制度和爵位，都是为中央集权和推行政令服务的。他完善天下管理机制，推动机制运作，为国家机器的初步形成奠定了基础。从而使社会安定，农业丰产。经过努力推行自己的德治主张，各方诸侯都尽力施展出了自己的才华与方略，取得了理想的效果。各方诸侯为了感激舜的征用，每年前来述职时，都要敬献给舜一些礼品。他先收下了四方诸侯来朝进献的五种玉器。这五种玉器是桓圭，信圭，躬圭，谷璧和蒲璧。然后选择良辰吉日，分别接见来朝的四方诸侯和各路酋长，按照各方实力的大小，分封爵位，让他们各领一方，各司其职，各显其能。

为了检验各种政治主张、治民方法和谋略的实际效果，舜采用三岁一考、五岁一巡的办法，不断进行调整和改革，从而使统治机器逐渐投入有序运转，推动华夏民族文明史又向前迈进了一大步。使中国社会开始由原始部落向中央集权的国家形式过渡。

以善施政，执政为民

治理天下，要知君臣之道。施政应从仁，仁是君主之宝。要行仁政，首先要让民知礼。这是一种统一的体制，无礼不可以从仁。民是根本，治天下民众，要顺民心，合民意。得民心者得天下，失民心者失天下。

舜登帝位之后，能躬身自明，礼贤下士，广开言路，开诚议政，精心治理天下，勤勤恳恳为民谋利，以善施政，开创了明君善谋的先例。因此深得民心，使四方诸侯心悦诚服，乐于归顺于舜的统一指挥。四海之内，形成了中华民族的空前大团结。

《舜典》中说，舜命令主持政事的各方酋长，要对四方百姓提高政务的透明度，要让百姓们明察四方政务措施得当与否，详细倾听四方百姓意见。这表现了古代帝舜已经有了倾听群众批评的民主意识与真知灼见。

舜帝经常提醒大臣们要以善施政，执政为民。否则，朝廷也会被臣民所抛弃。他认为君为民本，民贵君轻。他曾对禹说："治理天下，要谨慎，没有经过验证的话不要轻信；没有经过多数人商讨的谋略，不能轻易采用。办事施政，处处要想到百姓。老百姓所爱戴的是贤明的君主，君主违背老百姓的意愿行事，就会失去民心，失去百姓，就不会有人帮助君主维护国家利益了。如果君王一意孤行，弄得老百姓穷困不堪，君主的宝座就坐不成了。"舜是这样告诫禹的，而他也是这样做的。

统一历法，指导农业

舜治理天下后，胸怀大局，天下一盘棋，通盘考虑。因为当时是农业社会，社会的经济支柱，主要就是农业。而对农业的指导和管理，方法也十分落后。主要的管理办法，就是依靠颁布农时政令，指导农业。然而，即使是这样的指导，地域也是有限的。靠近指挥机关的能够领略，那些偏远地区的老百姓，就听不到政府的指令了，因此不能受益。为了改变这种状况，所以舜就组织制定了天下统一的历法，让老百姓遵从历法行事，靠历法指导农业生产。全国统一历法，统一四时，使天下之民得以进一步的安定，为当时天下进入大规模的农业社会，从事有序的耕作产生了十分重要的作用。

统一律法，以法治民

舜为使天下百姓生活有一个较好的安定状况，向全国颁布法规，统一律法，让百姓警戒和遵守。为了使以法治国这一执政理念收到理想效果，舜任命皋陶为主管司法部门的官职。皋陶不负君命，统一制定法规，把常用的刑罚用图案镌刻于各种器物之上，向百姓进行宣传，让天下百姓照法行事。对于违法犯罪的，则以流放的形式，来宽大应受五刑的罪犯。以鞭打作为官刑，板打作为教学用刑。现今华人社会，如新加坡等地，仍有以鞭刑作为一种官刑。我国私塾过去一直沿用教刑体罚学生，就是用木板打手心。为了鼓励民众知错改错，舜帝规定犯了错以后，只要认罪伏法，可以给他痛改前非的机会，让他通过做有益的事情来赎罪。赎罪的办法施行后，收到了很好的效果，以至被后来的国家法制中一直有所沿用。

舜颁布统一律法之后，对天下百姓宽大为怀，对于危害百姓的顽凶，严惩不贷。共工、驩兜，都曾经做过有害于人民的事情，违犯过法律，尽管他们都是有身份的人，但也没有逃过舜的惩罚。他命令把共工流放到幽州，把驩兜流放到崇山，把三苗驱逐到三危。而鲧由于治水不力，浪费了资财，并且做了对神灵不敬的事情，舜就把鲧流放到羽山，并且在不久之后处以死刑。由于有法可依，违法必究，从而使四海之内，百姓有了安定的生活，天下的百姓众生，无不心悦诚服，纷纷称赞舜治理天下有功、有德、有道。

命禹治水，造福于民

尧帝八年，天下始发洪水，肆虐中原大地，成为百姓生活的大患。如何使天下之水有序流动，尧命共工和鲧治水，共工治水十三年，鲧治水九年，无功而返。

舜登帝位之后，十分体恤百姓之苦，决心要解救百姓水患之苦难。于是，果断地命令鲧的儿子禹，接过其父手中的铲，继续治水。为了实现治理水患的愿望，舜和禹共谋大业，对禹给予竭力的扶持。禹在舜的感召之下，总结前人屡治不成的教训，开辟新的治水途经。禹认为共工、鲧在治水过程中，单纯以堵的方法，筑坝截流，只注重于堵，而失之于

夏天的田野

疏，是失败的主要原因。于是，舜命禹制定了新的治水方案，"分导其流而分其量，疏浚河身，以安其流"。舜又委派身边大臣皋陶、伯夷等助禹实施治水工作。在禹治水的过程中，舜颁召令，号令诸侯百姓，顾全大局，团结一心，协同作战，治理洪水，从九州到四海，每州集征三万人，共计二十八万人，由各州长分管带队服

从禹的调遣。

有经典记载说，禹治水时，"劳身焦思，居外治水十三年，三过家门而不入，陆行乘车，水行乘舟，泥行乘橇。"足以想见当时治水工作之艰难和紧迫，也可以看出禹是一个以事业为重，为民献身，无私奉献的好官。禹在中国治水13年，大功告成，在全国百姓心中功不可没，英名远扬，传芳百世。当然，能够取得这样的成就，也是和舜大力支持分不开的。这也是舜英明决策的结果。

发展艺术，推动文明

舜帝利用文化艺术，促进和推动整个社会文明程度的提高。《舜典》中记载，舜对夔说："任你来主持乐律，去教导那些青年人，要把他们教育得正直而温和，宽厚而谨慎，性格刚强而不盛气凌人，态度随和而不傲慢失礼。诗是表达意志的，歌是通过咏唱来表示语言的，你要使八音和谐，不要弄乱了相互之间的伦次。这样就会使神和人之间相互和睦。"由此可以看出，舜的治世思想，就是要通过各种文化事业对青年人的成长予以正面引导教育，推动社会，向文明社会发展。

舜帝本人对音乐艺术，也有一定的造诣，有人说他的父亲瞽叟，曾经就是一个音乐官，即乐太师，并且创造了十五弦瑟。舜自幼受到父亲鼓瑟的熏陶，加之天资聪颖，于是，他就根据一年十二个月的季节变化，修正了六律，定"宫、商、角、徵、羽"五声，谐以"金、石、丝、竹、匏、土、劳、木"八声。后来他又与夔合作，创作了《大绍》和《箫绍》等大型交响乐曲。舜后来还把父亲的十五弦瑟增加八弦，改进为二十三弦瑟。这样，演奏出的音乐音域更广，更加动听，乐官夔在舜的指点下，模仿百兽的动作，创作了许多舞蹈，在宫廷和民间表演，引起了很大的社会反响。从一些古籍插图的描述看，场面十分壮观。《箫绍》的乐曲演奏了九节，引得凤凰都配合乐声鸣叫着。这些音乐和舞蹈，深受百姓欢迎，世代流传，孔子说："听了由舜时流传下来的音乐，陶醉得三个月都吃不出肉的味道。"

由此可见，舜在文化艺术发展史上也是有重大贡献的，从思想上看，他发展文化艺术的目的还在于推动社会朝着文明迈进。

以德感召，团结诸族

史书记载，舜理政后，为了团结全国各族人民，朝政制定三岁一考、五年一巡的管理制度。舜外出巡狩，就是直接以感情相联络，同时每到一地，封爵任官，加强地方与中央的联系。到四方巡行的目的，就是要与居住比较偏远的民族联络感情，以抚求安。据研究认为，舜巡行第一站到达泰山，它是东夷族聚居的一个中心地带，当时是华夏民族的第二大部族。他先去那里，就是要团结他们。这就为中华民族的团结奠定了基础，使他的东夷之行取得圆满成功。舜第二站去南方，那里是三苗人和荆蛮各族的聚居区，他们过去实力强大，不断侵扰中原。舜深入到那里，会见他们的君长，晓大义，除隔阂，并亲自封爵加官，使他们归服于中央领导。

舜以德育民，以抚相安，感动了诸多民族，《竹书纪年》中记载有许多民族部落首领陆续朝拜舜帝，表示臣服。其中有西天母氏族部落，向舜进献了白环及佩；息慎氏部落，贡有弓矢；玄都氏部落，贡有宝玉；羽民氏部落，献火浣布。

舜帝通过自己的抚民相安，以德感召，教育为先的治国方针，定期巡行，沟通中央与地方的关系，封爵晋官，使诸侯臣服，使中华民族逐渐聚拢团结，形成一个多民族团结的国家雏形，并日益发展壮大。使华夏各民族各自为政的民族部落，逐渐向中心聚集，凝聚成东方世界的一个伟大民族。

中华德治，源远流长，《史记·五帝本纪》："天下明德皆自虞帝始。"舜以德育民平天下，"四海之内感戴帝舜之功"。虞舜明德，不仅对中华民族贡献最大，而且在世界文明史上也占有重要地位。中华民族是历史上以德治天下的创始者和维护者，对世界文明产生了深远的影响。

《周颂》云："圣人之德，若天之高，若地之普，其有昭于天下也；若地之固，若山之承，不坏不崩；若日之光，若月之明，与天地同常。"虞舜之德，山高水长，若日月之光，与天地同在。《论语·为政》云："道之以政，齐之以刑，民免而无耻。道之以德，齐之以礼，有耻且格。"认为政、刑只能起镇压的作用，德、礼可以感化人心。所以，主张用道德感化来治臣安民，这样有益于人民的大团结。

以礼教化，规范道德

舜帝当政后，实行以礼待人。他青年时，在垣曲故里就行孝出名，走向社会以后，又以其处事之道化解了历山侵畔而纠葛的农夫之间的矛盾，又在雷泽化解了因侵居而纠葛的渔夫之间矛盾，又在寿丘河滨制出精美的生活必用陶品，让那些只顾赚钱而粗制滥造的陶家得到了教训。

舜当天子后，注重提高百姓群落中的道德规范和修养，在民间宣扬父义、母慈、子孝、弟恭的人生道德观念。舜在社会实践中还确定了人们的行为规范标准，即"宽而栗，柔而立，愿而恭，乱而敬，扰而毅，直而遏，简而廉，刿而塞，强而义"。在全天下广为倡导，使人们逐渐懂得怎样做谓之有德，谓美，谓善，谓文明，怎样做谓之无德，谓丑，谓恶，谓野蛮，从而使社会朝着文明的方向循序渐进。

天下为公，传位于禹

随着年龄的增高，舜也到了遴选接班人的时候了。自己退位之后，应该让谁来接自己的班呢？自己虽然有儿子，可这天下是老百姓的天下，肯定不能让儿子继位的。要是那样，不仅辜负了先帝尧的希望，而且也有负于天下百姓之心。可要是按能选人，那就应该是治水有功的禹了。这治理天下的接力棒，能不能传给禹呢？

能不能让禹接替，当时也是社会的一个热点。对于禹的功绩和品德，社会各界都很认可。让禹接替舜，可以说是众望所归的事情。可是，大家同时也揪着一颗心，觉得禹虽然是最佳人选，但毕竟他的父亲是被舜杀死的，舜是禹的杀父仇人，舜能选禹接班吗？

在这个重大问题上，舜并没有犯糊涂。在他看来，禹的父亲鲧有罪，就应该得到惩罚。鲧的儿子禹，治水有功，就应该得到奖赏。禹有名望，有能力，能担当起治理天下的重任，自然也应该把帝位这把宝座交给禹，让他为天下百姓再干出一番辉煌的大业。

于是，舜便把帝位禅让给了禹。

综上所述，可以看出舜生故里以孝闻名，辅尧佐政于平阳，理政建都于永济，禹为舜离职退位建离宫于运城鸣条岗。舜的一生推行"以德育民，以仁施政，以孝治家，以礼治人，以善聚民"为理论准则，教化子民。几千年来，舜的为人之道，处世之道，为政之道，治人之道，聚民之道，被人们广为传颂。舜帝处于承尧启禹的重要时期，透过数千年历史的雾霭阻隔，使虞舜成为中华民族的一位伟大的先祖。他倡导和力推的道德思想，至今依然光彩夺目，熠熠生辉。

第三章　三过家门而不入　根治洪水为苍生

舜把帝位传给了禹，那禹又是个什么样的人呢？在芸芸众生中，禹又是怎样脱颖而出，凭什么能力得到舜的赏识，继而成为舜的接班人呢？他从舜的手上接管天下后，能否担当起造福天下黎民的重任，把天下治理得更好呢？现在我们就详细地讲讲禹的故事。

一

夏禹，名叫文命。禹的父亲是鲧，鲧的父亲是颛顼帝，颛顼的父亲是昌意，昌意的父亲是黄帝。禹，是黄帝的玄孙，颛顼帝的孙子。

还是尧帝在位的时候，就经常闹水灾。而引起洪灾的原因，除了海水倒灌外，最主要的就是桀骜不驯的黄河了。每当汛期，黄河之水犹如天上而来，波浪滔天，浩浩荡荡，漫上了丘陵，包围了高山，把老百姓辛勤开辟的良田全部冲毁，精心修建的房舍随水而去。尤其让人痛心的是，由于来不及躲避，不少亲人丧身于洪水。洪水过后，黄河虽然恢复了旧模样，但瘟疫却又暴发起来。侥幸逃生的人，不是被疾病折磨而死，就是由于没有粮食果腹而活活饿死。

看到黎民百姓的疾苦，尧帝对频频发生的洪灾也伤透了脑筋。

尧决心要治理洪水，于是便寻找能治理洪水的人，四岳群臣都推荐鲧。

对于鲧这个人，尧还是有所了解的，并不十分满意。说："鲧这个人违背天命，毁败同族，用不得。"

四岳群臣听了，都说："比较起来，众大臣还没有谁比他更能干的，期望您让他试试。"

于是尧便接受了大家的推荐，任用鲧治理洪水。九年时间过去，洪水仍然泛滥不息，治水没有取得成效。这时尧帝已经寻找到了继承帝位的舜，于是舜被重用，代行天子的政务，到四方巡视。

舜代行天子的政务后，首先到了治理洪水的工地去巡视。他看到鲧治理洪水干得很不得力，又把神庙里的祭祀物品制作成了治水用的工具，便十分生气。于是，一怒之下，就把他流放到了羽山，结果鲧就死在了那里。也有人说，鲧在流放羽山之后，舜还是不放心，于是，就派融把鲧给杀死了。不管鲧是如何死的，反正天下人都认为舜对鲧的惩罚是正确的。

父亲鲧的死，让禹受到了很大的震动。这九年来，他一直跟在父亲的身边治水，父亲虽然没有把水患治理好，但付出的辛苦却是看在眼里，并且感同身受。尽管父亲鲧没有功劳，但也不至于被杀死啊！从这一事件中，大禹看透了权力的厉害。

鲧死后，舜决定起用鲧的儿子禹，让他接过父亲未竟的事业，继续治理洪水。

对于舜的决定，大臣们虽然表示赞同，但也充满了担

大禹治水图

忧。从人选上来说，让禹继续治水，确实是再好不过的了。因为在这九年的治理中，禹一直陪在父亲鲧的身边，参加了决策和施工的全过程，具有丰富的治水经验。但大臣们同时也觉得，禹不可能接受舜的任命。这是因为舜刚刚惩罚了禹的父亲，并且禹的父亲已经死了，虽然禹没有表示出来什么，但这杀父之仇，肯定会记恨在心。很显然，要是禹再治理洪水不力，也难逃被舜杀掉的下场。再就是禹新婚不久，和美貌的妻子羽山氏蜜月还没有过完。在和娇妻如胶似漆的蜜月里，大禹怎么肯舍得离开温暖的家呢？

可出乎大家意料的是，禹竟然愉快地接受了舜的任命，而且态度还十分坚决。接受任务之后，禹立即就告别了新婚的妻子，踏上了治水的征程。当人们问他为什么不吸取父亲被害死的教训，还要冒着风险治理洪灾时，他什么也没说。虽然没有说，但他心里不是没有想法。正是因为父亲的死，在他的心里埋下了一颗执拗的种子：雪耻！

二

禹聪敏机智，吃苦耐劳，遵守道德，仁爱可亲，言语可信。人们都夸赞他说，他的声音就是标准的音律，他的身躯就是标准的尺度，凭着他的声音和躯体，就能够校正音律的高低和尺度的长短。他勤勤恳恳，庄重严肃，深得百姓的爱戴。

禹接受了舜帝的命令后，怀着一腔雪耻的决心，带领着益和后稷，一齐赶到了治理黄河的工地。他指挥诸侯百官，除了应征的劳役外，还发动那些被罚服劳役的罪人，加入治水的行列。他一路上穿山越岭，树立木桩作为标志，测定高山大川的状貌。禹为父亲鲧因治水无功而受罚感到难过，同时也决心要征服洪水为父亲雪耻。

大禹不顾劳累，苦苦地思索，在外面生活了十三年，几次从家门前经过都没敢进去。

第一次路过家门，是在出门后的第十个月。这时，妻子刚刚生下儿子夏启没几天。这天，大禹路过家门，正巧听到孩子"呱呱"的啼哭声，妻子边哄孩子边骂大禹是个不顾家的死鬼。同行的人听了，心里都感到不是滋味，便放慢了脚步。有人劝大禹说："禹王，您已经在工地上干了十个月了，一天也没有回过家，既然到家门口了，你就回去住几天吧！"

大禹没有停住脚步，边走边说："我回家住几天，他回家住几天，那怎么行呢？此刻灾情严重，治水要紧！"

跟随的人说："你还没有见过自己的亲生孩子呢，回家看一眼吧。"

大禹也很想进门去看看妻子和刚出生的孩儿！可一想，工地的事多，还有许多事要他去办，因而就摇了摇头，郑重地说："我们此刻重任在肩，可不能因为家事而误了国事呀！"

说完，他就大踏步地向前走去。

第二次路过家门口，已经是一年以后了。他看见妻子抱着怀里的儿子，正在教儿子学说话。妻子指着远处的禹，教儿子喊爸爸。小夏启看着不远处的那个陌生人，犹豫了半天，还是很乖巧地喊了一声爸爸。

大禹看到这一幕，不禁热泪盈眶。他真想过去抱一抱自己的儿子，但治水工程正是紧张的时候，他不敢耽误片刻时间。于是，他擦了擦脸上的泪水，转身就要离开。这时，妻子抱着儿子追赶了上来，看到大禹一副疲惫的模样，心疼地说："看你累成了这样，快回家歇歇吧！即使不住，也该换身衣服啊！你身上穿的这衣服，脏成了这样，让我给你洗洗再穿吧。"

大禹接过儿子亲了亲，叹了口气说："不成哪，许多人被洪水围在高地，我得去救人哪！"

说着，禹便把儿子送到了妻子的怀里，安慰了她几句，就转身走了，还是没有回家。

第三次过家门，小夏启已经长成了半截子高的大孩子了。他经常听奶奶说父亲是个英雄，可就是没有见过。这一天，他听说爸爸从家门前路过，早早地就在门外等着。当他看到奶奶指着的那个人时，便跑了上去，一把拉住了禹的衣襟，使劲把他往家里拉。

大禹一把抱起儿子，激动得热泪满面。他深情地抚摸着儿子的头，叫他告诉妈妈，就说爸爸因为治水，实在没有时间回家。等把渠道开挖好了，把洪水归入大海里，就会回来和全家人团聚的。

大禹放下儿子转身就走，儿子在后一路追撵着，哭叫着爸爸回家。大禹快步走了很远，才回过头来，冲儿子和妻子挥了挥手，抹了一把眼泪，又一路匆忙而去。

大禹治水三过家门而不入的故事，被传为美谈，至今仍为人们广为传颂。在山西和河北交界的地方，有一个山村，叫三过村，传说就是大禹的故乡。在三过村一带的村庄，至今还流传着这样的歌谣："一过家门听骂声，二过家门听笑声，三过家门捎口信，治平洪水转家中。"

三

为了完成治水大业，大禹节衣缩食，尽职尽责，身先士卒，兢兢业业。他居室简陋，出行从简。在地上行走时乘车，在水中行走时乘船，在泥沼中行走就乘木橇，在山路上行走就穿上带铁齿的鞋。

他左手拿着准和绳，右手拿着规和矩，口袋里还装着测四时定方向的仪器。开发九州土地，疏导九条河道，修治九个大湖，测量九座大山。他让益给民众分发稻种，凡是能耕种的土地都成为良田。他又让后稷大力赈济，救济那些因为洪灾而没有粮食吃的灾民。粮食匮乏时，就让一些地区把余粮调剂给缺粮地区，以便使天下百姓都不被饿死。禹一边行进，一边考察各地的物产状况，并考察了各地的山川地形，贯通各地来往的最佳途径。

禹总结了父亲治水失败的教训，树立了新的治水理念。父亲治水的主要办法就是堵，以为加厚了堤防，就能把洪水阻挡住。但不知水的力量是巨大的，洪水一来，那滔天的巨浪，瞬间就能摧毁堤坝，淹没村庄，使多年的劳动成果付之

大禹塑像

东流。禹认为只选取堵的方法还不够，只有给水找到排泄的渠道，让黄河顺利入海，才是根治水患的正确做法。

于是，大禹根据山川地理情况，将天下的山川和陆地分为九个州，即：冀州、青州、徐州、兖州、扬州、梁州、豫州、雍州、荆州。他的治水方法是把整个中国的山山水水当作一个整体来治理，他先治理九州的土地，该疏通的疏通，该平整的平整，使得大量的地方变成肥沃的土地。

然后他治理山，经他治理的山有岐山、荆山、雷首山、太岳山、太行山、王挝山、常山、砥柱山、碣石山、太华山、大别山等，就是要疏通水道，使得水能够顺利往下流去，不至于堵塞水路。山路治理好了以后，他就开始理通水脉，长江以北的大多数河流都留下了他治理的痕迹。

他治水讲究的是智慧，如治理黄河上游的龙门山就是如此。龙门山在梁山的北面，大禹将黄河水从甘肃的积石山引出，水被疏导到梁山时，不料被龙门山挡住了，过不去。大禹察看了地形，觉得要想让水流过去，就必须把龙门山这地方凿开不可。但是偌大的一个龙门山又如何凿开呢？

大禹经过反复思考，又请教了一些有经验的老人，终于找到了一个可行的办法。他选择了一个最省工省力的地方，只开了一个80步宽的口子，就将水引了过去。随着流水的不断冲刷，渠道就更加畅通起来了。

因为龙门太高了，许多逆水而上的鱼到了这里，就游不过去了。许多鱼拼命地往上跳，但是只有极少数的鱼能够跳过去，这就是我们后人所说的"鲤鱼跳龙门"。据说只要能跳过龙门，马上鱼就变成了一条龙在空中飞舞。

禹十分关心百姓的疾苦。有一次，看见一个人穷得把孩子卖了，禹就把孩子赎了回来。见有的百姓没有吃的，他就让后稷把仅有的粮食分给百姓。

禹穿着破烂的衣服，吃粗劣的食物，住简陋的席棚，每天亲自手持耒锸，带头干最苦最脏的活。几年下来，他的腿上和胳膊上的汗毛都脱光了，手掌和脚掌结了厚厚的老茧，躯体干枯，脸庞黧黑。

经过十三年的努力，他们开辟了无数的山，疏浚了无数的河，修筑了无数的堤坝，使天下的河川都流向大海，终于治水成功，根治了水患。刚退去洪水的土地过于潮湿，在经过了一段时间阳光的照射后，禹就赶紧让益发给民众种子，教他们抓紧时机栽种水稻。

大禹治水一共花了十三年的时间。经过不懈的努力，咆哮的河水失去了往日的凶恶，驯驯服服地平缓地向东流去，昔日被水淹没的山陵露出了峥嵘，农田变成了米粮仓，人民重新筑室而居，过上幸福富足的生活。

后代人们感念他的功绩，为他修庙筑殿，尊他为"禹神"，我们的整个中国也被称为"禹域"，也就是说，这里都是大禹曾经治理过的地方。

禹是治理洪水的最高领导人，但他这个最高领导人却和人民群众紧紧地联系在一起，为天下万民兴利除害，躬亲劳苦，手执工具，与下民一起栉风沐雨，同洪水搏斗。

大禹治水的成功，使黄河之水成为中华民族的母亲河。

第四章　立新功讨伐三苗　尽臣事划分九州

　　大禹成功地治理了黄河，受到了广大百姓的高度赞许，也得到了帝舜的充分肯定。

　　在隆重的祭祀仪式上，舜帝将一块黑色的玉圭赐给禹，以表彰他的功绩，并向天下万民宣告治水成功和天下大治。不久，又封禹为伯，以夏也就是今天河南的万县为其封国。禹在天下的威望如日中天，达到了顶点。

　　万民称颂说："如果没有禹，我们早就变成鱼和鳖了。"

　　帝舜也称赞禹说："禹啊禹！你是我的胳膊、大腿、耳朵和眼睛。我想为民造福，你辅佐我。我想观天象，知日月星辰、作文绣服饰，你谏明我。我想听六律五声八音来治乱，宣扬五德，你帮助我。你从来不当面阿谀背后诽谤我。你以自己的真诚、德行和榜样，使朝中清正无邪。你发扬了我的圣德，功劳太大了！"

　　禹听了舜的话，按说应该很高兴。可他一想到父亲的死，心里反而开始紧张起来。因为他从父亲的死，深刻地感受到了权力的厉害。自己虽然治水有功，也受到了老百姓的爱戴，但功高盖主，恐怕也不是什么好事儿。于是，便赶忙装出谦卑的样子，诚惶诚恐地说："是啊，君王，你让我说些什么好呢？我整天考虑的是孜孜不倦地工作。我只是想如何把洪水治理好，不敢想别的事情。"

虽然禹十分谦让，但舜还是在各种场合，表扬禹的功劳，称赞他的聪明，赞美他的品德，说大禹是一个不可多得的干才。于是，原本就因为治水有功的禹，在民众中的威望便更加水涨船高，越来越声名远播。在这样的情况下，帝舜在位三十三年时，便以尧帝为榜样，将禹推荐给了上天，把天子的位置让给了禹。

舜帝虽然让禹当了天子，但只是让禹摄政，并没有把帝位正式禅让给禹。

可这时的禹，已经是八十三岁的老人了。禹在摄政这个位置上，如履薄冰，谦虚谨慎，丝毫不敢有半点儿越位。禹坐在那个位子上，虽然有些放不开，但也不能占着位子不作为啊？为了不负舜的扶持，对得起天下百姓，禹对舜表现得就更加尊重，每做一项重大决策，都要征求舜的意见。舜对禹的表现也十分满意，极力支持禹的工作。舜依然掌握着帝王的权力，按照制度每五年就要到各地巡察一次，提出自己的一些主张。对于舜的巡察，禹也十分支持，并下令各地对舜帝要予以格外的关照。这样过了一年又一年，虽然出现了两帝并存的情况，但禹对舜配合得十分默契，关系处理得也十分和谐。举国上下，万民同心，齐心协力，共谋发展，呈现出了民富国强的盛世景象。

禹摄政后做的一件大事就是讨伐三苗。那一天舜又接到了边关的通报，说三苗又向中原进犯了。于是，舜帝便把大臣们都召集起来，通报了三苗进犯的情况，征求大家的意见。说，你们看这个事情，咱们派谁去把三苗打败啊？

三苗属于江汉民族，亦即三苗集团。华夏集团和三苗集团之间的战争，是一场两大河流域不同部族集团之间的战争。战争的核心问题，就是对于中原地区的争夺问题。这场战争时断时续，从尧帝时代就开始了，但都没有得到根本解决。三苗的存在，一直是华夏民族的一个隐患。

　　见大家都不作声，禹便主动请缨，要去平叛三苗。可舜有些犹豫，禹作为摄政，怎么能离开呢？由于禹一再请战，舜帝便把这项光荣而艰巨的重任交给了禹。如同当年接受治水任务时一样，禹还是表现得大度而从容。当下就接过了讨伐三苗任务的战旗，并立下了军令状，不打败三苗绝不班师回朝。

　　就这样，大禹这个八十多岁的老人，又担当起率兵打仗的重任。他带着部队，连夜赶到了前线，视察地形，制定方案，准备与三苗进行一场决战。

　　看到大禹这样认真，便有幕僚向他参谋说："我说大帅呀，你也这么大岁数了，也没必要那么认真。三苗作乱，也不是一年两年的事情了。这么多年都解决不了的事情，你怎么能很快就解决了呢？我看啊，等三苗们再进攻时，我们把他们赶跑就行了。"

　　大禹很认真地说："既然舜把这样的重任交给我，那我就必须要努力完成。只有把三苗彻底打败，咱们华夏百姓才能有永久的安宁。"

　　讨伐三苗的战争究竟是在什么地方打的，史书上有多种说法。有的说是在长江以南，有的说是在长江以北。但比较可信的说法应该是在河南南阳这个地方。

　　禹带领着华夏部队，枕戈待旦，终于等来了进攻的大好时机。

　　据《墨子·非攻下》所载："昔者三苗大乱，天命殛之。日妖宵出，雨血三朝，龙生于庙，犬哭乎（于）市，夏冰（水）、地坼及泉，五谷变化，民乃大振。高阳乃命玄宫，禹亲把天之瑞令，以征有苗，四（雷）电诱（谆）祗（振），有神人面鸟身，若瑾以侍，搤矢有苗之祥。苗师大乱，后乃遂几。"

　　这段话的意思是说，在大禹带领的队伍正严阵以待时，三苗地区遭到了自然灾害。又是地震，又是水灾的，气象异常，造成人心惶惶。就在这个时候，禹乘机出兵，并标榜说这是受命于天。出师前在大巫高阳氏留下的神宫中，还由其副手主持，举行了一场隆重的受命仪式。当时电闪雷鸣，大雨倾盆，狂风摇晃着大树，就像得到了天帝认可似的。司天官南正重的继任者、代表东方之神勾芒的巫长执圭，也参加了这场典礼。因此禹师士气大振，在战场上射杀了三苗首领，苗师大败溃退，从此衰微下去了。

　　大禹之所以能取得讨伐三苗的胜利，是充分利用了自然现象和敌人的困难，抓住最佳战机，是赢得胜利的重要原因；同时利用宗教的力量，标榜受命于天，营造出了一个浓郁的舆论氛围；还有一个更重要的因素，就是进行了积极的战前动员，举行了气势隆重的誓师大会。禹掷地有声地动员说："济济有众，咸听朕言，非惟小子，敢行称乱，蠢兹有苗，用天之罚。"义正词严地声称出征是"除天下之害"。所有这些措施，对于鼓舞士气，提振精神，官兵同心，一举击败三苗，起到了很大作用。

　　随着讨伐三苗的胜利，河南龙山文化进入南阳地区，不仅解除了南方的威胁，还打开了中原文化南下发展的通途，对于后来中原王朝的发展，起了重要作用。体质人类学研究成果还揭示，河南南阳地区淅川下王岗新石器时代居民与黄河下游古代居民属于同一个种族类型——古代华北人，但又同近代华中组居民体质特征如此相似，表明近代华中居民与新石器时代汉江流域的居民有着极其密切的血统关系，它应是受到来自华北地区古代居民向南迁徙的直接影响，这种影响向南延伸到华南以至南亚。这种大迁徙与伐三苗战争有密切关系，而且随着北方民族的南下，也牵动了南方民族的迁徙，它促进了民族的大杂居、融合，以及文化的大交流、发展。华夏、苗蛮的部族界限逐渐打破，正是在这一基础上，苗蛮集团的先祖列入了华夏的帝王世系，苗民始制的"五刑"，也被北方部族的显贵们接受并加以发展。

　　原本因为治水有功的禹，又率师取得了征讨三苗的伟大胜利，在民众中的威望便越来越高。而这时的禹，已经是八十三岁的老人了。尤其不能不说的是，尽管舜把位子让给了禹，但禹在这个位置上，也是很难干的。因为禅位后的舜，虽然已经逊位，但也只是形式上的退休。对于国家大事，那还是要管的。虽然禹的声望在社会上越来越高，但毕竟比不上舜。舜虽然是将要落山的太阳，但依然散发着强烈的光和热。

大禹知道自己的处境，便更加小心谨慎，对舜帝也更加谦恭。他一再声称自己是听从舜的指示，只是协助舜处理一些政务。

在征得舜的同意后，禹又对国土进行了新的行政区域划分，将舜时期的十二州，根据地理位置重新划分成九州。这九个州虽然是他在治水时就划分出来的，但那时只是为了治水。在他升任了国家领导人后，将九州正式设定为行政区域，却有着非同寻常的意义。看起来只是个区域划分，实际上却是大禹进行的一次政治改革。通俗点来说，原来有十二个州，就得有十二个州长，禹减至九个州，自然只任命九个州长就可以了。而最重要的是这九个州的州长，不管是留任的，还是新提拔的，都经过了禹的再一次任命，那意义就不一样了。

大禹划分九州的初衷是为了根治水患，掌控天下后又划分九州，自然还考虑到了治理天下的因素。因此，在划分九州时，除了根据山川、河流的方位和走向，土壤的性质和物产，人口的多少与民族部落等因素外，还要考虑到贡赋的等级和数量，以及进贡行走的最近路线。

《尚书》中有一篇《禹贡》，记述了大禹划分九州的传说。九州分别是冀州、兖州、青州、徐州、扬州、荆州、豫州、梁州、雍州。九州虽然是禹在治水过程中，建树的又一件伟大业绩。但九州也是中国最早的行政区划。

禹根据九州土壤的性质，分为"壤""黄壤""白壤""赤植坟""白坟""黑坟""坟垆""涂泥""青黎"等九种，并依据各种土壤的肥力不同，又分为三等九级。根据肥力的等级，安排农业生产，制定适当的田赋。当时称为"贡"，即土地税。因田赋是国家收入的大宗，同时为了使"贡"的负担合理，在辨别九州各类土壤肥力的基础上，还注意到当时土壤的实际使用状况，实际收入的多寡以及交通条件，来制定田赋的等级。

下面咱们就看一看九州是如何划分和贡赋田赋的。

冀州：冀州据说为唐、虞、夏三代帝都所在地。三面据河，西与南及东南部大致以黄河为界，东北以辽河为界，北以沙漠为界。今辽宁的西境，河北北境，河南北境，山西全省及内蒙古自治区皆古冀州境，面积约一百四十余万平方千米。这个州土壤的颜色为白色，土质柔软，不结块，属于壤土；既不过于疏软，也不过于黏韧，土壤的肥力为中中，为九州土壤肥力中的第五级（中中），其田赋属于第一级，也杂有第二级。

兖州：东南至济河，西北至黄河，北滨海，南接徐、豫两州。包括山东西北部分，河北东南部分及河南内黄延津以东等地。土地面积约有一百二十余万平方千米。此州的土壤颜色，主要为黑色，富含有机质，土性疏松膨软，肥力中下，为九州土壤肥力中第六级，田赋属第九级。

青州：东面据海，西面至泰山，包括山东的北部和辽宁的一部分。约有面积一百三十万平方千米。这里的土壤颜色，主要为白色，土质坟起，沿海滨之地，遍地斥卤可以煮盐。土壤肥力为上下，

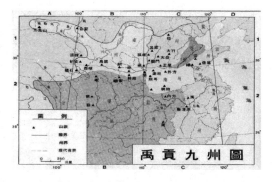

禹贡九州图

评为九州土壤肥力中的第三级，田赋为中上，属于第四级。

徐州：东靠海，西与兖、豫分界，南至淮河，北至泰山，今江苏、安徽北部，山东南部，均古徐州地，约有一百三十万平方千米。这里的土壤颜色为赤色，土质有黏性和油腻状，而且坟起。草木生长不但茂盛，而且渐趋丛生。土壤肥力中上，为九州土壤肥力中的第四级，田赋属第五级。

扬州：北据淮河，与豫、徐分界，东南至海，西以汉水与荆州为界，今浙江、江西、福建全境及江苏、安徽、河南南部、湖北东部、广东北部均古扬州地，面积约有一百三十余万平方千米。在水治之后，盛长竹类，草木繁茂。但地势低洼，土壤水分很多，土质如"涂泥"一样。竹与草均生长好，土壤肥力为下下，为九州土壤肥力中的第九级，田赋属第七级，也有属于（杂出）第六级的。

荆州：东与扬州分界，南越衡山至五岭为止，北至荆山。今湖南全境、湖北东南部、四川南部、贵州东部、广西北部均为古荆州境，面积约有八十五万平方千米。荆州土壤大致类似扬州，唯土壤肥力为下中，比扬州高一级，为九州土壤肥力中的第八级，田赋属第三级。

豫州：东接兖、徐、扬，西以荆山与雍、梁接界，南以荆山和荆州分界，北至黄河与冀、兖分界，今河南全境、山东西部、湖北北部，皆古豫州的境地。面积约有四十万平方千米。豫州的土壤，一般高地属于壤土，柔和而不板结，因具有多种不同的颜色，故仅以壤为代表，似现在石灰性冲积土。土质不过黏，亦不过疏。这种土壤的肥力为中上，为九州土壤肥力中的第四级，田赋属于第二级。

梁州：东与荆州接界，西与雍州接界，南与长江为界，北与雍州接界。今四川全省、湖北西部及陕西、甘肃南部均古梁州境地，面积约有一百四十八万平方千米。这里的土壤为青黑色，土质细而结构松。土壤肥力为上下，为九州土壤肥力中的第七级，田赋主要为第八级，也有属于（杂出）第七级或第九级的。

雍州：东至黄河与冀、豫分界，西至黑水与梁州接界，北至沙漠。今陕西北部及新疆、青海、西藏东部和内蒙古、甘肃南部，皆古雍州境地。面积约有二百三十万平方千米。雍州的土壤主要为黄色，而性质柔和，土壤肥力上上，属黄色壤土，为九州土壤肥力中最好的。因此赋税相应的也最高。

禹在舜帝还健在的时候，小心翼翼地做着自己力所能及的工作，不仅进一步赢得了舜帝的赏识，而且也得到了天下百姓的认可。在协助舜帝处理国务的十七年中，天下太平，国富民强，出现了历史上有名的尧舜禹盛世。

第五章　南巡途中舜辞世　众望所归禹即位

到了舜禅让帝位后的十七年时，一件大事发生了。舜帝在例行每五年一次的南巡时，死在了湖南的九嶷山上。这一消息传来，立即震动了朝野，大家都为舜帝的不幸逝世而感到悲伤，为失去这样一位好领袖而难过。作为摄政的禹，心里当然也是五味杂陈。

舜帝是怎么死在了九嶷山上的呢？关于这一点，史书上没有明确记载。但有一个传说，很有意思。虽然传说不能作为信史，但也可以从中看出舜的品德风范。

传说有一年，舜帝所在的皇城里，突然拥来很多讨饭的。舜帝觉得很是奇怪，这几年风调雨顺，没有听说过哪儿发生过灾情啊，怎么会出现这么多的人乞讨呢？

经过查问才知道，原来这些人都来自湖南九嶷山一带。

一听是九嶷山一带的，舜帝就更加疑虑重重了。九嶷山是名山，那里的情况舜帝自然是清楚的。九嶷山是湘江发源地之一，有大面积的原始次生林，树木葱茏、林海莽莽、繁花似锦、争奇斗艳，特别是石枞、香杉等很多树木，都是十分珍贵的。众多的江河、流水、深潭点缀其间，高山和平湖融山水一体，山在水中生，水在山中流。林中珍禽异兽出没无常，莺歌燕舞，充满生机。空中云彩飘逸，红霞万朵，石峰直插云中，有静有动，其环境之幽静，

九嶷山景色，传说帝舜就逝世在九嶷山上

风光之秀丽，绝无仅有。而肥沃的田野，更是种啥长啥，年年五谷丰登，怎么能吃不饱饭呢？

　　经过详细查问，舜帝才得知了事情的真相。原来，那里虽然是鱼米之乡，可近年来九嶷山峰上那源泉的源头，被一条蛇妖堵死，再也没有一滴水流出。堵死了水源，自然也就中断了河流。有人试图把蛇妖赶走，但那蛇妖已经成精，凡人根本奈何不了它。依靠河水灌溉田园庄稼的百姓，对蛇妖毫无办法，只能任田地荒废，背井离乡流浪乞讨。

　　舜帝了解到这些情况后，心里十分气愤。他不顾大臣们的劝阻，马上带上宝剑，千里迢迢赶往九嶷山，要把那条妖蛇斩杀！

　　可那妖蛇经过千年修炼，功夫可不是一般了得。舜帝与那妖蛇大战了三天三夜，才把那条妖蛇斩杀。虽然舜帝取得了决定性的胜利，但却在与蛇的交战中受了重伤，血液被蛇毒所侵，危在旦夕。舜帝的两位皇妃，娥皇和女英，听到舜帝受伤的消息后，心里悲痛万分，遥望南天，哭成了泪人儿。可光哭有什么用呢，还是赶快去九嶷山想法给舜治疗蛇伤吧。

于是，娥皇和女英，带上画师画的九嶷山地形地貌图，日夜兼程，一边流泪，一边匆匆忙忙地赶往九嶷山。两位皇妃历经千山万水，一路南下，寻往舜帝斩妖的地方。但所经过的地方，有七座山都跟九嶷山的山形地貌相似，这令两位妃子难以辨认，悲苦交加。尽管这样，但她们的心是坚定不移的。历经千山万水千辛万苦，她们才找到舜帝斩妖的地方。可赶到这里时，为时已晚，舜帝已经伤重不治，一命归天。两位皇妃伤心欲绝，泪飞如雨。痛哭时的眼泪，怎么擦也擦不尽，被风一吹，便横着飘飞出去。那悲伤的泪，飞溅到了身边的竹节上，便留下了一滴滴的泪痕。于是，九嶷山的竹子便从那以后，身上都长满了斑斑泪痕。于是，人们便都称它为泪竹，也叫斑竹。

毛主席曾经写过一首题为《答友人》的诗，其中有"九嶷山上白云飞，帝子乘风下翠微。斑竹一枝千滴泪，红霞万朵百重衣"四句，说的就是这个典故。

不管怎么说，反正是在舜帝把天子的位置让给大禹十七年后，死在了九嶷山上。

舜帝的去世，对于一个国家来说，自然是一件非常重要的大事。按照当时的最高礼仪，禹为舜帝举行了隆重的国葬，并号令举国哀悼，并在三年内都处于国丧期。国丧期间，不许搞文化娱乐活动，不许鸣放鞭炮，神州处处庄严，天下一片肃穆。每当祭奠之日，禹必是一身素服，恭恭敬敬地来到国庙，按照司仪的指挥，率领着大家向舜帝致哀，样子极其悲痛。尤其是周年祭奠，表现得尤为悲伤。

三年期满，国丧结束，禹召集国务官员，宣布了一个重大的决定。说先帝舜在位时，因得到了舜的赏识，把我扶持到了天子的位上，让我辅佐他处理国务，这是对我禹的重大恩赐。可我禹自知才德不济，几次推辞都没有如愿，只能兢兢业业履

九嶷山上的斑竹

行职守。如今舜帝已去，我自然得让政于子，以延龙脉。

禹的意思也就是说，舜帝走了，我也就干到头了，我应该把天下还给舜的儿子了。于是，便把帝位让给了舜帝的儿子商均。

舜帝的儿子商均，要是和尧的儿子丹朱比起来，也强不到哪里去。要是商均真有雄才大略，十分优秀，能担当起治理天下的重任，估计大禹也不会这样作秀了。正是舜帝的儿子商均，也是一个纨绔子弟，在朝野威望不高，知道他对自己也形不成什么威胁，所以禹才有了这样一个作秀的表示。接下来会发生什么事儿呢，大禹的心里其实是再清楚不过了。

大禹把帝位让给舜的儿子商均后，自己就突然在朝堂上消失了。一国不能无君啊，这可把那些大臣们急坏了。他们分头寻找了好多天，才在夏地一个叫阳城的小地方找到了禹。原来大禹躲起来了。

见这么多人来找他，禹故作惊讶地问："我已经不管事儿了，你们还来找我做什么？"

大家说你干得好好的，怎么能说不干就不干了呢？这个国家离不开你，人民离不开你，我们也离不开你呀！

禹说我都这么大年纪了，实在是干不动了。舜的儿子商均，正年富力强，就叫商均干吧！旧叶子总是要让新叶子代替的。

大家都极力地劝禹，说，舜的儿子商均，还不如丹朱呢！既然先帝尧为了江山社稷，都不肯把天下传位给儿子世袭，那么你怎么能把天下交给一个还不如丹朱的人呢？再说了，如果商均真是那块料，舜帝也就不会把天下禅让给你了。你就不要再推辞了，还是赶紧回去料理朝政吧。

禹的态度十分坚决，无论来人怎么劝他，他都不答应回去。

见禹执意要把天下让给舜的儿子商均，大家虽然心里很是不以为然，但也不好再说什么。于是，便一个个地摇着头，很沮丧地走了。就这样，舜的儿子商均，勉强当了国君。

俗话常说人眼是秤，还真是这么回事儿。舜帝的儿子商均，果然担当不起来一个国君的责任。尽管他有帝王之名，却没有帝王之威。虽然他拥有帝王的名号，却根本行使不了帝王的权力。大凡国计民生一系列大事，各部落诸侯有什么重要事情，他都犹犹豫豫的不能决断。这样一来，大家有了什么事情，也就都不来找他了，而都跑到阳城去找禹。

见大家有事都往禹那里跑，商均心里虽然有气，但又说不出来什么。禹虽然不在天子之位，但行的却是天子之实，享受着天子之威。商均看这样也不是个办法，于是，便只好借坡下驴，把权力又交给了禹，干脆不当这个有名无实的傀儡了。

虽然商均把帝君的位子还给了禹，可禹还是不愿意回来。这可把那些大臣们急坏了。于是，便接二连三地前来请禹出山。在大家一而再再而三的恳求下，禹才半推半就地答应下来。

就这样，禹在各路大臣和诸侯的拥戴下，正式即了王位。可他正式即位的这一年，已经是一个百岁高龄的期颐老人了。

对于禹的继位，后人多有质疑。质疑的焦点问题，就是禹的年龄。按有关文献来看，禹还是舜的长辈呢，舜怎么能把帝位禅让给比他还要大的禹呢？可如果从禹即位的年龄上来看，这似乎也是有可能的。因为禹这一家族的血脉，身体素质比较好，活的岁数大，虽然即位晚，但身体却是棒棒的。

禹即位后，仍然居住在阳城，将这个不大的小城升格成了国家的首都，并以夏作为国号。并对各诸侯王公，重新进行了分封。尤其是对尧和舜的儿子，进行了优厚的安排。其中，尧的儿子丹朱，分封于唐。舜的儿子商均，则分封于虞。同时，对天下的罪犯也进行了大赦，还免除了百姓几年的田赋。这样的安排，令朝野都十分满意。于是，禹的声望便在官员们的弹冠相庆中更加隆升，大有如日中天的气象。

可禹毕竟是一个已经百岁的人，他的社会经验和人生阅历，并不是一般人能比得了的。在这一片喜庆的氛围中，禹并没有沾沾自喜，更没有高枕无忧。他再清楚不过地知道，虽然这些人在他面前都表现出一副很恭顺的样子，但有不少人的眼睛，都紧盯着帝王这把椅子！自己虽然治水有功，又得到了舜帝的扶持，最终坐在了这把椅子上，但要巩固这个位子，却不是一件容易的事儿。舜帝死后，虽然禹又是躲藏，又是极力推托，表现出不屑于当这个国王的样子，但心里却是对这个位子早就蓄谋已久。自从父亲鲧死于舜的权杖之下，禹就对神圣的权力充满了神往。之所以表现得那么谦卑，那么懦弱，那么缺乏自信，是因为他明白权力这个东西，实在是太令人敬畏了，就像是一块火红的铁块，看上去那么瑰丽耀眼，但如果不选择良好的时机去掌握，就会把手烫得肉烂皮脱。他必须耐着性子，先要细细地观察它，用心地欣赏它，继而再慢慢地去靠近它，等到了合适的时候，再紧紧地把握住它。

禹之所以这么看重权力，还有一个更重要的原因。这就是自从黄帝统一华夏之后，天下安宁，老百姓们把主要精力都用在了发展生产上，于是便出现了繁荣昌盛的大好局面。天下的百姓们，不仅丰衣足食，而且还出现了物质过剩的现象。由于有了众多的财富，人们的私心便占据了主导地位，于是，私有制便形成了。当时衡量一个人的地位，主要就是看你有多少土地，有多少房产，有多少奴隶，有多少用于物资交换的青铜或别的相当于货币能够流通的东西。正是由于私有制的产生，所以禹不仅对帝王这个位子情有独钟，而且还想把这个位子世世代代地传下去。

一想到要世袭这个王权，禹就自然而然地想到了自己的儿子启。在他的眼睛里，自己的儿子启，可要比尧的儿子丹朱优秀，比舜的儿子商均杰出，完全有能力担当起管理天下的重任。在自己年龄越来越大，要不了多久就要死去的时候，当前最要紧的事情就是要把政权世袭给自己的儿子启。

一想起自己的儿子启，禹的心里便有些痒酥酥的。儿子启出生的时候，他由于忙着治水，没能够守在妻子的身边。对于儿子出生时自己的缺席，禹心里始终有一种深深的歉疚。尤其是在第一次路过自己的家门时，他清晰地听到了儿子的哭声，却因为时间紧迫，竟然没有进去看他一眼。在外边治水的十三个年头，他都没有能够为儿子做些什么。一想起这些，禹的心里就很不是滋味儿。对于儿子和妻子的愧疚，最好的补偿就是把这把帝君椅子好好地坐下去，并稳稳地传给儿子启。

可禹的心里也十分清楚，如果这样明目张胆地传位给自己的儿子启，不仅违背了禅让的祖制，而且也会引起朝野的动荡，肯定会适得其反。不仅不能把位子传给儿子启，反而会引起血腥纷争，如果一旦失败，就会给家族带来杀身之祸。要达到把位子世袭给儿子的目的，还不能操之过急，必须要动一番脑筋。

经过一番周密的思考，禹终于想出了一个稳妥的办法。

禹把朝臣们再一次召集起来，开了一个很严肃的会议。禹装作十分诚恳的样子说，天下是天下人的天下，天下是给有德人坐的。我有何德何能？实在担当不起大任。但大家既然都这样推举我，我硬要推辞，也会让大家伤心。但天下终究还是要给那些有德之人坐的。而在这富饶的国度里，比我有德行的人，实在是太多了。就拿我们的大法官皋陶来说吧，他的德行就远比我禹高得多。因此，我在这里正式推荐，等我不能料理国事之后，接替我的人就是皋陶。

这就是说禹公布了自己的接班人，这个接班人就是大法官皋陶。皋陶这个人大家也都知道，他被尊称为我国法制的鼻祖，也是舜帝身边的一位重臣。禹推荐他当自己的接班人，大家自然也都没有什么话可说。再说大家当时也没有多想，更没有看出禹的良苦用心。于是，大家便都接受了禹的推荐，而且再也没有人怀疑禹有什么私心了。这样一来，禹的威望就更高了。

要说皋陶，无论是他的功德，还是他的人品，抑或是他的能力，要接禹的班，那自然是当之无愧的。但要说起皋陶的年龄，却不能不让人担心。因为他的年龄，其实比禹还要大好多岁呢！要叫一个比禹还要老的人，来接替已经百岁的禹，其实是不太可能的事情。

禹在正式推荐皋陶接班的同时，把管理国家军队的重任，交给了儿子启。凭着禹丰富的人生经验，他可以预见到在他百年之后，关于谁接替他的问题，肯定会有一场血腥的纷争。让儿子启掌握军队，为启将来的发展，埋下了绝好的伏笔。

第六章　恩威并施涂山会　中央集权铸九鼎

　　禹在众大臣的拥戴下，终于正式执掌了政权，坐上了君王的宝座。但他也心知肚明，取得政权容易，巩固政权难。坐上这把椅子容易，要坐稳坐好却很难。在君临天下这个位置上，做出一番流芳千古的大业，就更是难上加难。

　　禹在巩固自己政权统治的过程中，特别重视加强教化，恩威相济，采取了一系列重要而有效的措施，收到了理想的效果。

　　西部有个部族叫有扈氏，好战而不服禹政权的管教。禹采取一边用兵征服，一边用德政教化的策略，终于使有扈氏臣服于自己。

　　东南地区古称"九夷"，即有九个较大的部落。禹为加强对其统治，几次出巡该地区，传播中原文化和礼教，受到当地百姓的尊敬和礼遇。他沿途向当地人询问习俗，鼓励农耕，告其农时，播种五谷，教育部族酋长们讲礼仪，知法度，不要以强凌弱，和睦相处。同时又宣布，若有不听教化者，要以兵征讨，绝不客气。这样做的效果出奇的好，"九夷"臣服在了禹的麾下。

　　当时，有个叫古越的部落，发展的势头比较强盛，酋长防风氏便觉得有了闹独立的资本，总想拥权自重，独霸一方。他自称是古越人各部落的首领，根本就不听禹的命令。禹在苗山举行各部落首领的大会时，这个傲慢的防风氏，为了显示自己与众不同，故意姗姗来迟。禹为了树立自己的权威，立即抓住这个机会，当着众部落首领的面，下令将防风氏逮了起来，在数说了他的罪行及其危害后，果断地下达了将其处死的命令，并暴尸三天。

涂山景色

对防风氏的处决，立即起到了杀鸡让猴看的效应，在场的各部落首领一个个都屏息静气，噤若寒蝉。从那以后，各地诸侯、方伯便深深地领略到了禹的威力和神圣，再不敢冒犯禹王。那些没有参加朝见禹王的氏族部落听说此事后，都受到了极大的震慑，纷纷向夏王朝进贡称臣。

把防风氏处决后，看到天下各部落都来朝圣，禹的心灵才从父亲鲧被舜所杀的阴影中解放出来。同时，也更加领略到了权力的厉害。这时的禹，看那些物质财富不重要了，认为唯有权力才是最大的财富。只要手里掌握了政权，就没有得不到的珍宝，没有实现不了的理想。基于树立权威巩固政权的考虑，他在安徽的涂山，又召集天下的部落首领开了一个重要的会议，史称涂山之会。

涂山之会一般被认为是中国夏朝建立的标志性事件。涂山位于今天的安徽省蚌埠市怀远县，这是禹在确立自己统治后，为巩固政权书写出的一个大手笔。

《左传·哀公七年》中，有"禹合诸侯于涂山，执玉帛者万国"的记载。《后汉书》中也有"至于涂山之会，诸侯承唐虞之盛，执玉帛亦有万国。是以山海经称禹使大章步自东极，至于西垂，二亿三万三千五百里七十一步"的说法。

大禹建立夏朝后，在以前先王子孙诸侯国林立的基础上，又分

涂山之会盛景局部

封了很多诸侯国。涂山之会的主要任务就是盘点天下究竟有多少诸侯国，并确立夏朝中央和诸侯国的统属关系。

这次涂山之会，是中国夏王朝建立的标志性事件。到了正式大会的日子，大禹穿了法服，手执玄圭，站在台上，四方诸侯按着他国土的方向两面分列，齐向大禹稽首为礼，大禹在台上亦稽首答礼。

礼毕之后，禹大声地向诸侯说道："我德薄能鲜，不足以服众，召集大家开这个大会，为的是希望大家能对我进行恳切的责备、规诫、劝喻，使我知过，使我改过。我胼手胝足，平治水土，虽略有微劳，但生平所最兢兢自戒的是个骄字。先帝亦常以此来告诫我说：'汝惟不矜，天下莫与汝争能；汝惟不伐，天下莫与汝争功。'如果我有骄傲矜伐之处，请大家当面告知，否则就是教我不仁啊！对大家的教诲，我将洗耳恭听。"

大家都明白禹受命于天，原本对禹有意见的诸侯，看到禹这种诚恳的态度，也都表示敬重佩服，消除了原先的疑虑。

这次大会，各方诸侯都带来了朝贺的礼物，大国献玉，小邦献帛，收获巨大。禹大宴诸侯后，对各诸侯又重加赏赐，并进一步明确了各诸侯国的权利和义务。申明贡法，要求务须按照规则缴纳。同时，禹也表示要竭力保护各诸侯国的权利，使其不受邻国的侵犯。

涂山大会之后，诸侯们高高兴兴分道而去。禹也率领群臣返回都城阳城。

走到半路，忽然传来急报，说皋陶去世了，禹听了，不胜伤悼，返都之后，就又改荐皋陶的儿子伯益于天。就是说皋陶去世后，由他的儿子伯益接替，将来接禹的班管理天下。这样，从前疑心的诸侯知道误会了禹，心里都感到十分愧疚。在坚决拥护禹的同时，也积极进献各类贡品。

为表示对禹的敬意，各方诸侯常来阳城献"金"。在当时称为"金"的东西，其实就是青铜。后来，九州所贡之铜年年增多，大禹想起从前黄帝轩辕氏功成铸鼎，于是也想效仿。为了纪念涂山大会，巩固涂山之会的成果，禹准备将各方诸侯进献的"金"，铸造成几个大鼎。但为免诸侯责备，大禹经过深思熟虑，决定哪一州所贡之金，就拿来铸哪一州的鼎，将哪一州内的山川形势都铸在上面。并将从前治水时所遇到的各种珍禽异兽、神怪等，也一并铸在鼎上，使九州之百姓知道哪一种是神，哪一种是奸。

复制的大鼎

　　又过了几个月，禹已在位五年了。禹承帝舜之制，也开始五岁一巡狩。巡狩回来后，气势磅礴的九鼎铸成，即冀州鼎、兖州鼎、青州鼎、徐州鼎、扬州鼎、荆州鼎、豫州鼎、梁州鼎、雍州鼎。鼎上铸着各州的山川名物、奇禽异兽。

　　九鼎象征着九州，其中冀州鼎排列第一，象征黄帝是在冀州开创天下的；豫州鼎为中央大鼎，豫州即为中央枢纽。

　　九鼎集中到夏王朝都城阳城，借以显示夏王大禹成了九州之主，天下从此一统。九鼎继而成为"天命"之所在，是王权至高无上、国家统一昌盛的象征。禹把九鼎称之为镇国之宝，各方诸侯来朝觐见时，都要向九鼎顶礼膜拜。从此之后，九鼎成为国家最重要的礼器。

　　后来夏朝为商所灭，九鼎就迁于商朝的都城亳邑。商朝为周所灭，九鼎又迁于周朝的镐京。后来成王在洛邑营造新都，又将九鼎安置在洛邑，谓之定鼎。这就是所谓的"鼎在国在，鼎失国亡"。九鼎作为镇国之宝、传国之鼎仅传三代后，因周末战火频仍而神秘失踪，至今不知所在，成为千古之谜。

第七章　别出心裁走新路　独树一帜敢为先

在舜帝把天下禅让给禹至舜帝逝世的十七年中，禹虽然放不开手脚施展自己的政治抱负，但在小心翼翼地辅佐舜处理政务上取得了成就，还是政绩斐然，可圈可点。这些成就不仅在推动社会的进步上起到了重大的作用，而且对于推动中华文明的长足发展，也产生了深远的影响。现在我们就来盘点一下，在禹执政期间究竟有哪些在历史上产生了重大影响的业绩。

制定出中国历史上的第一部正规法典《禹刑》。《禹刑》其实是由于社会上出现"乱政"后，也就是产生了矛盾、冲突后，为了平息这些矛盾和冲突而形成的产物。它既不是成就于一时的成文法典，也并非由禹个人所制定，而是在夏商两代的长期发展中，出于调整社会关系的需要，逐步形成和不断扩充的。要说到这部刑法，就不能不提到一个叫皋陶的人。这个人被称为中国法制的鼻祖。皋陶在虞舜时期，将黄帝以来，即父系社会建立以来的原始刑法，做了一次较为系统的修订，并在原来"象刑"的基础上，制定了劓、刵、椓、黥、大辟等几种刑罚，为以后的奴隶制五刑奠定了基础。此外，还以流刑作为五刑的"宥刑"，鞭刑作为官刑，扑作为教刑，金作为赎刑。皋陶在实施这些刑法的过程中，发觉只讲宽有许多不足之处。如三苗得到宽赦流放，竟不思悔改，反而不断煽动，致使苗民不断反叛。这使皋陶十分震惊，他从大禹治水疏导与堵截并用的办法中受到启发，多次进行修订，使刑法宽严结合：对于偶尔的过失犯罪尽量宽大赦免，而对于那些怙恶不悛的则处以重刑，包括死刑。当然，在实施刑罚时一定要慎重，不能滥用。皋陶对于《禹刑》的制定，起着主导作用。《禹刑》的基本内容，是制裁违法犯罪行为的刑事法典。至于以"禹刑"为名，实际上不过是"夏刑"的代称而已。《禹刑》是随着社会需要的不断发展变化，逐步修订、扩充而成的。一般认为，《禹刑》是夏

位于浙江省绍兴市会稽山的大禹陵

朝法律的名称，是后人为纪念夏的先祖禹而命名的，是后人追述的。所谓乱政实际上是指奴隶暴动和反抗斗争，奴隶主阶级为了镇压奴隶的反抗而制定的。这种乱政在禹时是不大可能出现的。

　　出现了中国历史上最早的监狱。我国最早提出创建监狱的人，也是前面提到过的人物皋陶。他虽然是舜禹时代主管司法的重臣，但由于其执法公正，受到了广大老百姓的推崇，也就成了中国神话故事里的人物。神话故事中描写他的形象是青脸鸟嘴，铁面无私。据说他有一只独角羊，也就是独角兽，说这只羊的神奇之处，是能知道谁是有罪的人。皋陶审理案件，遇到疑难，找不到谁是真正的罪犯时，就牵出来头上只长着一个角的神羊来辨认。神羊竟然能很快从人群中把犯罪嫌疑人找出来。这只头上只有一个角的羊，只触有罪的人。而大多被神羊抵触过的人，立即就丧失了抵抗的情绪，

把自己所犯的罪过，都老老实实地交代出来了。为了使这些罪犯受到应有的惩处，相传皋陶还发明了"画地为牢"的办法，成为最初监管犯罪之人的囚禁场所。也就是从那时起，我国就有了监狱。从此，"皋陶造狱，画地为牢"正式流传下来。而造狱的先驱皋陶，则被尊为狱神，被全国上下的监狱树立为自己的神灵。

中国历史上第一部农历《夏小正》。《夏小正》也称《夏历》，为中国现存最早的科学文献之一，也是中国现存最早的一部汉族农事历书。原为《大戴礼记》中的第47篇。《夏小正》的作者究竟是谁，到目前还没有确切的考证。通常认为此书成于战国时期，也有人说它是夏代的历法。《礼记·礼运》篇记载："孔子曰，我欲观夏道，是故之杞而不足征也，吾得夏时焉。"《史记·夏本纪》中记载："孔子正夏时，学者多传夏小正云。"司马迁认为孔子所指的夏时就是夏小正，经历代学者考证，也认为内存夏代资料。但据其所载天文内容考定成书于前350年左右，即战国中期。虽然成书较晚，但从夏朝时就开始流传和应用，却是没有什么争议的。由此也可以得出这部夏历，是我国劳动人民长期从事农业实践的结果，是种植经验的集大成，而且在禹的时代就已经广泛应用在了农业生产中。

中国历史上第一例系统的书法体系。夏篆，就是夏代的文字。它是原始文字的雏形，从仰韶文化到大汶口文化等文化遗存来看，就已经大量出现，并广泛地应用于实际生活中。在河南安阳商都殷墟等处发现的甲骨文字和金文中，夏篆就是中国现已发现的最早的文字，也是基本成熟的文字。从殷墟时代上溯到夏初，不过八九百年，夏代已有文字和文献记录，是无可怀疑的。商朝的文字是成熟的，夏朝的文字也是成熟的，因为历史上已有夏篆的记载，《夏禹书》《禹王碑》都是夏朝文字，而且是夏篆。《夏篆帖》是我国发现的夏朝传世文字，是典型的夏篆，是夏朝的官方文字。而象牙文，则是我国发现的夏朝的出土文字。夏篆，是篆字之祖，应该是当之无愧的，也是名副其实的，它将载入中华五千年的文明史册，光耀千秋万代！

中国历史上的第一首情诗。据《吕氏春秋音初篇》记载：禹时涂山氏之女唱"候人兮猗"，这是有史可查的中国历史上第一首爱情诗歌。其内容是一个多情的姑娘，在痴情地等候心上人归来的故事。等候的痴情姑娘，就是女娇，而被等候的人，就是大名鼎鼎的治水英雄禹。现在安徽省怀远的东涂山上，还有一块石头，被称为望夫石，相传就是涂山氏所化。相传，在三皇时代，中国氏族部落最大的问题，就是要治水患。舜时期，封禹为司空，让他继承被杀的父亲鲧的事业，继续治水。禹东奔西走，三十岁时，在涂山遇见了涂山氏之女女娇。春暖花开，绿染桑林，纯洁而健康的男女，在野外一见钟情。禹想到了女娇的本家，东夷强大的涂山氏。如果能联姻涂山氏，则整个东夷都会为己所用，朝内的重臣、类似大理卿的狱官之长皋陶也会支持自己。况且与女娇两情相悦，岂不是天作之合？不过因为涂山氏尚处于母系制后期，禹只能做上门女婿，"夫从妇居"。对禹来说，治水的业绩决定着前途；但是对女娇来说，爱情却是唯一的。禹出门在外的日日夜夜，女娇独守空房，不觉忆起了初次见到这个"身九尺二寸长"的魁梧男子的情景，心里便涌起一股思念，一缕笑意袭上弯弯的嘴角，恰如那天边的一勾新月。触景生情，这个野生野长的文盲女子，居然触动灵机，发为心声："候人兮猗！"在那弯弯的月亮下面，我等候着心爱的人儿。爱情多么伟大，多么神奇，它不仅开启了这个痴情女子的心智，而且书写了汉语爱情诗的最初篇章。当然，"候人"，也是禹入赘的明证："候人"，"候"的不是归人，而是上门的毛脚爱人啊。

中国历史上第一部书籍《山海经》。《山海经》可以说是中国出版业的第一部书籍，也是一部荒诞不经的奇书。该书作者是谁，

大禹陵周边的景色

现今已经无法考证。现代专家、学者研究的结果，一致认为《山海经》成书并非一时，作者亦非一人。《山海经》全书现存18篇，其余篇章内容早佚。原共22篇约32650字。共藏山经5篇、海外经4篇、海内经5篇、大荒经4篇。《汉书·艺文志》作13篇，未把大荒经和海内经计算在内。《山海经》的内容，主要是民间传说中的地理知识，包括山川、道里、民族、物产、药物、祭祀、巫医等。但书里也保存了大量的神话故事，包括《夸父逐日》《女娲补天》《精卫填海》《大禹治水》等不少脍炙人口的远古神话传说和寓言故事。《山海经》具有非凡的文献价值，对中国古代历史、地理、文化、中外交通、民俗、神话等的研究，均有参考，其中的矿物记录，更是世界上最早的地质文献。《山海经》版本复杂，现可见最早版本为晋郭璞《山海经传》。但《山海经》的书名《史记》便有提及，最早收录书目的是《汉书·艺文志》。至于其真正作者，前人有人认为是禹、伯益、夷坚，经西汉刘向、刘歆编校，才形成传世书籍。现多认为，具体成书年代及作者已无从确证。《山海经》影响很大，也颇受国际汉学界重视，对于它的内容性质，古今学者有着不同的认识，如司马迁直言其内容过于荒诞无稽，所以作史时不敢以为参考。鲁迅也认为是"巫觋、方士之书"。现大多数学者认为，《山海经》是一部早期有价值的地理著作。

中国历史上第一部"公务员法"《政典》。《政典》是禹时代制定的一部有关吏治的行政法规，对官吏应该做什么，应该怎么做，不应该做什么，做了不应该做的，怎么样进行惩处，都做了明确规定。这种管理官吏行为的法典，也相当于现在的公务员法。也可以说是公务员的行为守则。可见，在禹时代，对于官吏的管理，就已经提到了一个重要的议程上，并制定出了严格的规章。遗憾的是这则《政典》中究竟有什么内容，却查找不出来了。留下的线索只是《尚书·胤征》里，提到了一句："《政典》夏后为政之典籍，若周官六卿之治典。"

以上这些都是在史书上能够查到的，都认为是禹的政绩。具体到是在禹正式掌控天下所为，还是在辅佐舜治理天下期间，就划分的没有那么清楚了。总之，我们可以认为，禹这个人是一个有思想，有能力，也是一个有作为的人。历史上政治清明、国泰民安的尧舜禹盛景时代，禹也有一份巨大的卓越贡献。

第八章　禹辞世授权伯益　启继位天下为私

　　禹真正在位上工作了十年。按五年一巡天下的规制，禹在第二次南下巡察时，不幸死于会稽山下。会稽山原名茅山，亦称亩山，位于浙江省绍兴市南部。会稽山最高峰为香炉峰，海拔354.7米，在嵊州市西北。也有说大禹不是死于会稽山，而是死于河南一座发音相近的会稽山。但究竟死在何处，司马迁的《史记》里没有明确记载，后人也没有确切地考证。但在浙江省的会稽山区域，却有一座大禹陵。当然，这也只是一个历史陈迹，里边是不是埋葬着大禹，都是说不清的事情。但大禹和舜帝一样，是死在南巡途中的，是死在工作岗位上的，却没有什么疑义。

　　禹死后，谁来继承他的位置，便成了一个重大问题。如前所说，禹曾推举东方颇有威望的偃姓首领皋陶为继承人，以示对传统禅让制的尊重。然而皋陶没有等及禅让，比禹早死。禹又命东夷首领皋陶子伯益为继承人。

启的画像

既然禹已经有过明确决定，要皋陶的儿子伯益为继承人，按理来说在禹死后，伯益接班应该就是顺理成章的事情。但要是把禹的遗愿落实到实处，却不是那么简单的事情。再说，将位传于伯益，是不是禹的真正意图，也没有定论。史书上是这样记载的："禹子启贤，天下属意焉。及禹崩，虽授益，益之佐禹日浅，天下未洽。故诸侯皆去益而朝启，曰：'吾君帝禹之子也'，及三年丧满，伯益遂让于启。"

这是什么意思呢？是说大禹的儿子在众人看来聪明能干，天下人都认为大禹的儿子启，最有资格接大禹的班。让启来接着掌控天下，是众望所归的事情。于是，在大禹死后，大禹虽然把天下授给了皋陶的儿子伯益，但伯益却没有得到天下。在强大的社会舆论压力下，在大禹的三年丧期届满后，伯益便把天下让给了大禹的儿子启。

看起来，这和大禹接续舜的情景，没有什么两样。

但也有另一种说法，说天下可不是伯益让给启的，而是启奋力夺取的结果。为了继承父亲禹的天下，启还动用了掌管的军队，和皋陶的儿子伯益大动了一番干戈，才接管了天下。

也有资料是这样记载的：禹死后，启立即发动了对法定继承人的攻击，夺取了领袖的职位。关于这场斗争的经过，也是众说纷纭，难辨真伪。有的说："益代禹立，拘启禁之，启反起杀益，以承禹祀。"也有的说："古者禹死，将传天下于益，启之人因相与攻益而立启。"还有的说："禹授益，而以启为吏，及老，而以启为不足任天下，传之益也。启与支党攻益而夺之天下，是禹名传天下于益，其实令启自取之。"总之，斗争很激烈，而几经波折，"叛乱"的启曾遭益的有力反击，一度处于劣势，甚至被拘禁，终于因有禹的经营和培植，启根基更深、实力更强，在拥护者的支持下，夏后氏及其拥护者联合起来对益发动战争，终于杀益，使启夺得领袖的权位。

在夺取政权的过程中，无论启是不是动用了军队，都符合事物发展的逻辑。启如能充分地利用军队，也是禹的心愿。禹在确定皋陶的儿子伯益作为继承人时，就把军队交给了儿子启管理。在禹给儿子启交代后事时，肯定也告诫过儿子说，军队是国家重器。我虽然没有把天下交给你，但却把管理天下的重器交给你了。你能不能坐天下，那就要看你会不会运用手里的国家重器了。

对于父亲禹的心思，启自然是心领神会。他不但运用手里掌管的军队，从伯益的手里要过来了江山，而且也运用手里掌握的国家机器，巩固了自己的政权。这就是史上有名的甘之战。

想和启争夺天下的，当然不只是皋陶的儿子伯益。当启成为禹的继承者成为事实后，立即遭到了不少部落的强烈不满，认为这是破坏传统习俗的篡权行为，是有背天道的。尤其是那些实力雄厚，同样觊觎联盟最高权位的部落首领，以有扈氏为代表，公然表示不服从启做新的领袖，从而发生了启伐有扈氏的甘之战。

有扈氏是当时社会上一个强大的部落或酋邦。传说禹时就曾发生过"攻有扈"，"以行其教"的战争。战前，禹在誓师之辞中说："日中，今予与有扈氏争一日之命，且尔卿大夫庶人，予非尔

甘之战的战争场面

田野葆士之欲也，予共行天之罚也。"宣告要和有扈氏决一死战，标榜自己不是为了贪图有扈氏的土地、人民、财货，而是代天行罚。还传说："昔禹与有扈氏战，三阵而不服，禹于是修教一年，而有扈氏请服。"这些传说都反映禹与有扈氏之战，是一场权力之争。有扈氏以其强大，意欲僭取联合体王权而起兵，所以禹伐有扈"以行其教""行天之罚"，而且将战争的手段与加强政教的手段结合，最终才战胜有扈氏。启与有扈的甘之战，在一定意义上可谓是禹伐有扈的继续。

启与有扈氏作战之前，在甘宣誓，《尚书·甘誓》对此有记载，原文如下：

> 启与有扈战于甘之野，作《甘誓》。大战于甘，乃召六卿。王曰："嗟！六事之人，予誓告汝：有扈氏威侮五行，怠弃三正，天用剿绝其命，今予惟恭行天之罚。左不攻于左，汝不恭命；右不攻于右，汝不恭命；御非其马之正，汝不恭命。用命，赏于祖；弗用命，戮于社，予则孥戮汝。"

这上边的一大段文字的意思是说，在甘之战即将打响之前，夏启骑着马，在三军面前进行了一次慷慨激昂的战前动员。夏启对六军的将领说："啊！六军的将士们，我要向你们宣告：有扈氏违背天意，轻视金、木、水、火、土这五行，怠慢甚至抛弃了我们颁布的历法。上天因此要断绝他们的国运，有意让我来征伐他们。现在我只有奉行上天的旨意，对他们进行惩罚。战车左边的兵士，如果不善于用箭射杀敌人，你们就是不奉行我的命令；战车右边的兵士，如果不善于用矛刺杀敌人，你们也是不奉行我的命令；中间驾车的兵士如果不懂得驾车的技术，你们也是不奉行我的命令。服从命令的人，我就在先祖的神位前行赏；不服从命令的人，一律处死在祖庙前，并且株连妻、子，罚作祭坛上的牺牲。"

夏启的战前动员，在历史上被称为《甘誓》，和其父禹征讨三苗时所作的《禹誓》，有着异曲同工之妙。由于夏启的声音洪亮，充满激情，富有强烈的鼓动性，因此收到了很好的效果。当总攻的命令下达后，将士们都勇猛地冲上前去，与有扈氏的士兵展开了激烈的搏杀。由于这些军队是夏启亲手培植起来的，加上平时又都受过严格的训练，因而具有很强的战斗力。在强大的攻势下，夏启的军队势如破竹，并没有费多大周折，就把有扈氏的军队打了个落花流水。而那时的军队，都属于民兵一类的，平时不打仗时种田，战时拿起枪来打仗，都是部落里的精英。有扈氏这一战败，也就丧失了部落里的主要劳动力，于是便从此走向了衰落。

关于这场战争的意义，有关资料是这样说的："有扈氏为义而亡"；"有夏之方兴也，扈氏弱而不恭，身死国亡"。近人则认为"这是一场争夺统治权的斗争，是尧舜禹以来对领袖职务不断进行争夺的继续"。然而，无论有扈氏是为了维持传统习俗，还是以传统习俗为口实进行权力之争，就启而言都是为了打破旧秩序，建立世袭的王权。而他最终取得了胜利，王及受命于王的"六事之人"，完全取代了议事会，确立了奴隶制的夏王朝。

夏王朝的胜利，使中原地区部族纷争的局面得到了统一，巩固了夏王朝的专制政权。甘之战是中国历史上一次极其重要的战争，是原始社会部落联盟的民主禅让制的复辟与奴隶制反复辟的长期斗争的结果，表明新兴的、先进的社会制度最终将取代原始社会的残余势力。经过这场战争，代表新兴的奴隶制社会的夏王朝得到了巩固和发展，为其后的长期统治奠定了基础，为中国社会进入新的文明阶段做出了积极贡献。

世界上的事情，没有绝对的好，也没有绝对的坏。好和坏都是相对而言的，这也就是我们平常所说的"福兮祸所伏，祸兮福所倚"。对于夏启来说，甘之战的胜利，使他的政权得到了进一步的巩固。但也正是因为这次战争的胜利，致使他滋生了骄傲自满的情绪，松懈了锐意进取的斗志，从而为丧失江山埋下了祸根。要说起他堕落的过程，还得从"钧台之享"说起。

"钧台之享"是夏朝初年发生的一个重大历史事件。

"钧台"是夏启为了庆祝自己"甘之战"的胜利，专门为天上群神修建的一个用来祭奠的神坛。

"钧台之享"是夏启在剿灭有扈氏后，为废除传统的部落禅让制，进一步巩固王权，确立王位世袭，而在都城阳翟召集各地方国首领，举行的一场盛大的献祭神灵的活动，同时也是一次重要的方国盟会。

这次盟会确立了夏启"共主"的地位，开始了我国历史上的"家天下"局面。也可以说这是启在占据帝位之后，在首都阳翟建钧台，举行的一次盛大的国宴。这也是我国有史以来记载的第一次大型国宴。

这次盛大的国宴自然是由夏启主持。隆重的祭奠活动结束后，夏启便招待与会的各部落首领，参加了热烈而盛大的国宴。有人考证，在当年参加钧台大享的有300多人，每位诸侯面前摆5个筐、5个高脚盆、5个大铜鼎，里面盛满丰盛的美味佳肴。宴会场面十分宏大，四周插满了彩旗，还有列队警戒的哨兵。

在盛大的国宴进行中，宏大的乐队还奏起了类似于现在大型交响乐的《九辩》，诸侯和唱《九唱》《九歌》和《九招》。传说这几首优美雄壮且富有感染力的音乐，都是夏启亲自创作的。他不仅亲自作曲，而且还亲自登台，为来宾们献上了欢乐的舞蹈。而随着他起舞的男女夏民们，竟然有百人之多。对于夏启的这次演出，《山海经·海外西经》中是这样记载的，说启在舞蹈时"左手操翳，右手操环，佩玉璜"，好不得意潇洒。

在舞台上夏启虽然出尽了风头，但却也埋下了祸根。正是因为他被胜利冲昏了头脑，便也就开始走向了堕落。终日沉迷于酒色之中，过着荒淫无度的生活，严重脱离了底层民众。尤其荒诞的是他竟然忽视了对下一代的教育，以至于儿子们一个比一个贪图享受，完全忽略了政权潜在的危险。最终发生了可悲的"武观之乱"。

"武观之乱"是在夏启年老后，他的五个儿子为了争夺王位而发生的一场动乱。在夏启还健在的时候，他的五个儿子便为了争夺王位，而闹得昏天黑地。这让夏启十分伤心，但也毫无办法。其中他的小儿子武观，因为闹得最为厉害，在实在是忍无可忍的情况下，被夏启放逐到了黄河西岸。后来，武观对父亲的这一处置十分不满，又在别人的唆使下，起兵叛父，发动起一场很有声势的叛乱。他准备攻入夏都，夺取帝位。夏启八年，夏启派大将彭伯寿带兵，对武观的反叛进行了平息，后武观战败，被押回到了都城来见夏启。武观虽然战败，但脑筋还比较灵活，是个非常聪明的人。他见大势已去，便在父亲面前痛哭流涕，一再承认自己的错误，说肠子都悔青了，一副决心要洗心革面的样子。由于认罪态度较好，夏启也就没有杀他，又把他流放到了原来的领地。经过此役，武观的其他几个兄弟也都有所警醒，这就是上古历史上有名的"武观之乱"。

"武观之乱"后，夏启的儿子们虽然再没有发生过争斗，或者说没有在明面上发生过争斗，但贪图享乐的风气毕竟形成了，要想改变也是很难了。夏启已经认识到了这种危险，但时已暮年，也无力回天。夏启在位9年，最终病死，约78岁驾崩，葬于安邑附近。

夏朝第二任君王夏启，从某种意义上来讲，也算是上古时代一位颇有作为的帝王。自大禹治水起，氏族首领会盟制度逐渐变为中央集权的家天下制度。从应龙氏族来讲，鲧、禹、启都是为治水做出过重大贡献的氏族首领。历经三代治水奔波积累了丰富的经验，

古人举行宴会的画面

为推动生产发展，创造了良好的条件，也为原始社会向奴隶制社会过渡奠定了坚实的基础。建立了中国历史上第一个奴隶制国家。成为中国历史上由"禅让制"变为"世袭制"的第一人，自此，宣告原始社会结束，开始了奴隶社会，启是传统上被公认的中国第一个帝王。自夏启建立夏王朝以后，逐渐抛弃了似禹的节俭传统，毫无顾忌地"淫溢康乐"，管磬并作，"湛浊于酒、渝食于野"，饮酒无度、游田无度。此后，世袭制（父死子继或兄终弟及）代替了禅让制（帝王让位给不同姓的且非血亲的人），"公天下"变成了"家天下"。禅让制被世袭制所取代，标志着漫长的原始社会被私有制社会所替代，应该说是历史的一个进步。

第九章　沉溺游猎太康失国　取而代之后羿夺权

　　夏朝的第二代国王启，在这个世界上还没有活够，就要死去了。他虽然恋恋不舍，但他又有什么办法能够违背大自然的规律呢？这个世界多么诱人啊，花天酒地的生活他才享受了几天啊！他的父亲禹，活了一百多岁，而他还不到八十岁，怎么就要死了呢？

　　启当然不知道沉溺于花天酒地的奢侈生活，其实就是生命的一种堕落，是要以生命为代价的。看起来这好日子他是过到头了，想不死也不行了。于是，夏启死前没有征求别人的意见，直接就把帝位传给儿子太康。

　　作为长子的太康，其实早就期盼着这一天呢！前几年发生的"武观之乱"，始作俑者，其实就是这个太康。只不过他毕竟年龄大、见识广，隐藏得深一些罢了。既然父亲死了，他作为长子，自然就该着他坐父亲留下的这把椅子了。他是这样想的，父亲也是这样安排的。不管怎么说，在他们弟兄五个人里，太康还算是比较成熟的。

　　当初启曾经想得很好，禹传他，他传太康，这帝位父传子、子传孙，夏王朝世世代代传之无穷尽。启天真地认为，自此以后，这天下就是他们家的了。可他怎么也没有想到，才传到第二世就出了严重的问题。

古人狩猎的画面

　　毕竟夏朝是启开天辟地第一回搞世袭制，而这江山又是从他的父亲禹手里接过来的，由于得到的容易，所以不知道珍惜，稳定性非常不够。启活着的时候手段够厉害，能够镇得住，局势还算稳定。但是他一死，别人未必买他儿子的账。更糟糕的是，他的儿子太康，从小生活在太平顺境中，不像当年爷爷禹，自己老爹刚死就被杀父仇人逼着去治水。也不像他的父亲启，打小有娘的时候爹不在身边，爹在身边的时候娘又不在身边。所以太康这孩子跟他爷爷他爹比起来，就像从小在蜜缸里长大似的，没有半点危机意识。在他的意识里这天下的一切都是他的，他想要什么，就有什么，根本用不着他自己动手。

　　太康的王冠，是一出生就在他的脑袋上戴着的，生长在蜜窝窝里的太康，从小就被惯坏了。史书上说他"盘于游田，不恤民事"，也并不单纯地说他不管农业生产，而是说他不把精力用在管理国家上罢了。因为那时候大家都是野人或者半野人社会，生产方式总体还处于游牧为主兼顾农业的时代，打猎不仅仅是战争的练习方式，其实它也是生产啊，不打猎哪有肉吃？

　　但是太康没多少心眼倒是真的，能力不足也是真的。他打猎就打猎，结果被几个手下人一忽悠，竟然忘记了自己还是一国之君，把自己当成一个纯粹的猎人了。

最令人失望的是，太康世袭了父亲的位子后，马上就以实际行动验证了世袭制的弊端。他从小就生长在富贵之家，娇生惯养，好吃懒做，沉湎声色，哪里能把精力放在处理政事上。再说他除了从父亲那里学会吃喝玩乐外，也没有学会哪怕半点处理政务国事的能力。具体哪件事儿该怎么办，他从来也拿不出个明确意见。总是一副很不耐烦的样子，说你们看着办就是了，老是问我干什么？有时甚至大臣们正向他汇报着工作，就黑着张脸把话打断了。他一坐到处理国事的那把椅子上，就拧来拧去的，如坐针毡。后来，干脆就把国事交给了几个大臣，自己就带着弟兄们专门地尽情享乐了。

为了玩出个花样，太康把国都从河南禹县迁到了河南的巩义地区，大概就是现在的洛阳一带，行为就越发放荡起来。"甘酒嗜音，峻宇雕墙"，还时常到远离国都的地方去打猎。他骑在马上，手里挽着弓箭，后边带着猎犬，迎着山风"嗷嗷"地呼喊着，放纵着自己的张狂。随着对犬马声色沉湎得越来越深，脾气也变得越来越暴躁。哪个随从的话他觉得不好听，自己的心思下属没有领会，甚至哪一只猎物没有打着，他都要大发雷霆。

大臣们看到太康越来越不像话，于是便纷纷劝他，说要是这样下去，迟早有一天会失去天下。大臣们的劝阻，都被太康当作耳边风。有时见大臣们劝的急了，他就黑着脸训斥那些大臣，说这江山是他的爷爷禹和父亲启传给他的，这天下就是他们家的，又有什么可担忧的呢？

那时的人们看到这世界也就那么大，以为天下就只有一个国家，不像现在有什么周边国家啥的。如果没有长远的眼光，也确实看不出有什么危险。

于是，太康照样我行我素，继续过着随心所欲的日子。太康每次出外打猎，肩膀上都扛着一个棍子，嘴里叼着一个野鸡骨头。外出打猎，是古代最具魅力的户外运动，具有非常大的吸引力，是能够让人上瘾的。现代人无论如何也想象不出来，打猎是如何让人如痴如狂的。就像现在的小朋友们在网吧里打游戏上了瘾似的，使人屡战屡败，屡败屡战，欲罢不能。

太康痴迷于打猎，当然不是为了解馋，而是享受那种感觉。不管遇到了什么野味，就都要打，一个也不放过。打到的猎物，就有人马上装在车里，不管吃得下吃不下，回去以后都要算作战绩。太康不知疲倦地打，在山沟里、草滩上、河流旁，到处都能看到太康的身影，看到庞大的打猎人群，随着呼啸的山风，时时能听到他们的呼喊声。什么狗熊啊、大象啊、犀牛啊，都被打死了往小车里装。那时气温比现在高两三摄氏度，中原也是亚热带气候，保存着大片的森林沼泽。这个打猎狂人太康，可以看见猩猩、大象、和孔雀等热带动物，有足够多的猎取对象。

有必要说一说太康嘴里叼着的那根鸡腿骨头。这不是普通的鸡骨头，而是经过加工的鸡骨头。骨头上凿有两个孔，叫作骨笛，内腔还安装一根可以推拉的带杆活塞，可以变换音阶，从一头吹起来，发出优美的声音，能够招引麋鹿，是乐器笛子的原型。太康吹着这个骨笛，顺着洛水一路南行，越走越远，跟大象、犀牛捉起了迷藏，过了一百天还没有回来。大家一时听不到太康的消息，也不知道是不是被猛兽吃了，心里十分着急。朝廷里群龙无首，大臣们惶恐不安，有识之士都预感到要出大事了。

就在太康沉湎于打猎的时候，也有一个人正带着他的部族军队，挎着弓箭，从东边向洛阳地区迅速移动。这人就是东夷族射日英雄后羿的后代，名字也叫后羿。他完全继承了先辈后羿的血统，英勇无比，武艺精湛，箭法高明，是一位出色的打猎高手。被他射猎的狼虫虎豹，只能比太康多，不会比太康少。可他这次来，可不

是为了打猎。他要捕捉的猎物，就是
当今的帝王太康。

公元前21世纪的阳光，像野兽的
爪子搭在后羿焦灼的肩膀上，他盯
着天空，闷声不响。他的身后跟着
"武罗、伯姻、熊髡、龙圉"等四大
护法。还有一个叫作"寒浞"的贴身
副官，一步不离地跟在他的身边。这
群在东夷族享有盛誉的人，此刻正从
山东赶往中原，目的就是要把耽于游
乐、不得人心的太康堵在返回都城的
路上，以便控制夏朝都城巩义，实现
东夷人对华夏政权的掌控。

神话传说中的后羿

却说贪玩的太康，在洛河以南的山林中已经放纵了一个多月，
能叫上名字的猎物都捕获到了，基本上没有缺项。专门用来装猎物
的十几辆车子，也都装满了。这时便有人劝他说，咱也该回去了，
要不这些猎物就都腐烂了。

太康这时也玩得尽兴了，尤其是一听说要回去，便想起了自己
的娇妻和五个孩子。于是，便哈哈笑着说："那咱就回去吧！"

可太康怎么也没有想到，他出来容易，想回去可就难了。回去
的路，已经被后羿给堵死了。

见队伍突然止步不前，太康便很不高兴地问："这是怎么回事
儿啊？"

前边的人很快便回来报告，说东夷族的首领后羿，带着军队拦
住了回去的路。太康一听，十分恼怒，打马前去质问后羿说："你
不在你东夷好好待着，跑到这里来干什么呀？"

后羿指着太康，义正词严地道："你身在王位，却不理政事，

整日里游逛打猎，哪里还配做君王？你要是再坐在这个位置上，简直就是在侮辱金木水火土。"

"侮辱金木水火土"，这罪名和太康的父亲夏启，在当年进行甘之战时，给别人定的罪一模一样。

太康还想说什么，但后羿却不给他机会了，下了最后通牒，指着太康道："你要是识相，就赶紧逃命去。要是还赖着不走，那就休怪我不客气了。"

后羿的话音刚落，四大护法的箭矢便向太康飞了过来。太康一看这后羿动真格的了，哪里还顾得上狡辩，拨转马头，嘴里叼着骨笛，便向东落荒而逃。一口气跑出了二百多里，才停下来开始喘气。

再说太康的妻子，见丈夫出去了一个多月还不回来，于是，便带着五个儿子到城外去寻找。在这一点上，太康和他的父亲一样，也生了五个儿子。可他们并没有找到太康，国家的政权却被后羿夺走了。于是，太康的五个儿子，便跟着母亲来到了洛河边，看着有家回不去，心中悲苦，于是，便共同作了一首《五子之歌》。

歌词的大意是：我们的祖先大禹曾经训导子孙说，百姓是国家的根本，只有根本稳固了，国家才能安宁。君主应当勤于政事，用心治理好天下，倘若贪酒色、好游猎，或者大兴土木，建造亭台宫室，那么，只要有其中的一件，就会失去民心，导致亡国。缅怀我们的祖先大禹在世时，他身为万邦之君，将天下治理得井井有条，使百姓安居乐业，他是一位多么贤明的君主啊！今天，太康不遵祖训，荒废政事，弄得百姓们都仇视我们，使祖先创建的王朝被人颠覆，陷我们于凄苦的境地。太康啊，你铸下了大错，我们心中是多么痛苦啊！

关于这首《五子之歌》，究竟是谁作的，存在着争议。也有人说这不是太康的五个儿子作的，而是启的五个儿子作的。因为启生前就不理政事，沉湎于打猎。启的妻子带着五个儿子到城外寻找丈夫，久寻不着，他们弟兄五个就作了这首歌。但如果细细想想，这种可能不是很大。如果是启的儿子们作的，那么作为长子的太康应该是起主导作用的。太康既然能和弟弟们写出这样的作品，肯定也就不会像父亲那样荒淫腐败了。所以说这首《五子之歌》，应该是太康的五个儿子作的才合乎逻辑。

不争气的太康被赶跑了，后羿当仁不让地坐上了太康留下的位子。可他的这种行径，立即遭到了社会各界的强烈反对。诸侯们认为，太康不理政事，固然应该教训，但你后羿取而代之，也缺乏合理性。天下是天下人的，你凭什么要来夺取？面对各界的质疑声，后羿也意识到这样硬来不行，于是便把太康的四个弟弟找来，开了一个会。

后羿首先向这弟兄四个解释了一下为什么要赶跑太康。说："你们的祖先禹，把天下传给你们，原本是想让你们为天下百姓谋福利的。可江山到了太康手里，他却根本不理睬百姓的疾苦，只知道自己贪图享乐，这其实就是在侮辱金木水火土。他已经没有资格再占着这个位子了，所以我们要把他推翻。太康虽然被我们推翻了，但我们也不想占据他这个位子。我们还是主张夏人治夏的。所以，今天我们就把这位子交还给你们。你们看，你们这四个兄弟，谁来坐这个位置啊？"

太康的四个弟弟，虽然都想坐这个位子，但看到后羿那虎背熊腰的彪悍样子，又看看站立在他旁边的那四大护法一个个横眉竖目的，哪里敢吭一声。平时那种不可一世的蛮横劲儿，早已荡然无存了。

见这几个人一副懦弱的样子，后羿的心里便有了底。既然太康的几个兄弟不作声，后羿也不着急，说那你们就好好地商量一下，等你们自己有了人选，再决定让谁坐这把椅子也不迟。

再说太康带着跟他打猎的那帮人，一直往东逃亡而去，横穿了整个河南，最后到了东部一个很偏远的地方，驻扎了下来。虽然说是筑起了一座城，但其实也就是一个土围子。尤其可悲复可笑的是，他一个逃亡的废帝，在失国之后，却突然留恋起朝政上那些事儿来了。直到这时他才意识到每天有那么多大臣，和他一起研究和处理国事是多么重要，多么有意义。在他失国之后，却又开始勤政了，每天都想上朝了。可他这时连一顶像样的帽子都没有了，还怎么上朝啊？于是便让人做了一顶竹帽子让他戴在头上，装模作样地当起了没有江山社稷的天子。他是多么怀念那些已经失去的日子啊！可谁叫他自己不珍惜，把天下丢了呢？想起原先自己的那些行为，心里也充满了后悔。可世界上哪里有后悔药可吃啊？

曾经作为夏朝第三任天子的太康，就这样在这座土围子里悔恨交加地过了二十五年的悲惨岁月，最终郁闷而死。史书上说太康在位二十九年，可实际上才干了四年。太康病死，葬于阳夏，也就是今天河南省的太康县西。

太康失国，皆因为他不顾百姓，只图自己享乐，使得王道不正。而可悲的是，作为后继者后羿，在得到王位以后，居然也重蹈了太康的覆辙。后羿虽然不像太康那样，是第一个失国者，但也绝不是最后一个。这种百难而得，得而复失的闹剧，在历史上周而复始地一再上演着。

第十章　仲康丧权辱国　最终郁闷而死

后羿见太康的四个弟兄，一个个都是酒囊饭袋的样子，便放下心来。原打算就这样推些时日，试探一下其他部落首领们的态度再说，不想没过几天，社会各界便有了更强烈的反应。主流意见是说太康不理政事，你后羿惩罚一下是可以的。但你赖着皇权不放，那就是阴谋篡权了。

后羿禁不住社会的压力，于是，便决定做出妥协。他再一次把太康的四个弟弟找来，问你们商量好了没有？要是还没有个结果，我可就要指定了啊！

太康的四个弟弟听了，依然如土牛木马似的，脸上没有任何表情。但眼角却不时地瞟一下这个魔王一般的后羿，幻想着他能将王位指定给自己。毕竟爷爷和父亲留下来的这把椅子，闪耀着权力的光芒，还是极有诱惑力的。

后羿的目光又在这四个人的身上扫了扫，用手指了指其中一位脸庞很大很肥，且嘴唇很鼓很厚，蠢样儿十足的人说，你留下，其他人可以走了。

这个被留下来的人叫仲康，排行老几没有明确记载。仲康在后羿面前虽然战战兢兢的，但后羿的话他还是听懂了，心里真是悲喜交加。喜的是后羿确定他来继承哥哥太康的大位，悲的却是要付出巨大的代价。这后羿给这个愚蠢的仲康开出的条件是：从此以后，后羿的部族东夷不再向夏朝政府缴纳税赋，不但不缴，政府还必须以东夷部落应缴纳税赋的两倍，反哺给东夷，以安抚民众，支持东夷的发展。

仲康虽然蠢，但心里也清楚这是丧权辱国的行为。东夷原本是夏朝隶属的一个行政区域，按规定向中央政府缴纳税赋，是天经地义的事情。可这再正常不过的事情，却要反过来了，中央政府却要反过来给这个东夷缴纳税赋了。不仅要缴纳，而且还是双倍。天下哪儿有这样的道理啊？

见仲康还在那里迟疑，后羿便说："你不答应，那你就回去吧。我想你那其他的三个兄弟里，肯定有比你聪明的。"

仲康一听心就慌了，于是，便不再多想，立即就答应了下来。

就这样，仲康当上了夏的第四任君王。后羿达到了自己的目的，便带着掠夺到手的大批物资，心满意足地返回自己的领地去了。当然，他心里非常清楚，知道自己虽然走了，但只要把这个仲康牢牢地掌控在自己的手里，夏朝其实还是他后羿的。

仲康虽然上位不是那么光彩，但在那个特定的环境下，也是没有办法的办法。要是追究责任，那只能追究到太康的身上。要不是太康玩物丧志，荒废了朝政，如何能走到这一步呢？既然太康把国家都弄丢了，那他仲康只不过丢了些税赋，又算得了什么呢？

仲康即位以后，为了表示自己没有私心，便立刻派人前往阳夏，也就是现今河南的太康县，迎请帝太康回国，并声称愿意将王位还给太康。可太康对弟弟仲康的好心并不领情，反认为这是弟弟仲康对他的羞辱，无论使者怎么说，他都坚决不肯回国。

仲康听了使者的回报，嘴上虽然一再叹息，但心里却十分高兴。因为他根本就不希望太康回来，太康要是回来了，那他仲康又往哪儿坐呢？太康不归正好满足他的心愿。为了表示一奶同胞的血肉情谊，仲康便派军队护送着太康的妃子和儿女，前往阳夏与他团聚，并不时往那里运送些粮食等生活物资，也算是没有辜负了自己的这个兄长。

仲康在君王的位置上坐到了第五年的秋天时，夏朝发生了一件奇怪的天象。原本秋高气爽的秋天，天上的太阳却渐渐地失去了光泽。人们仰头观看，天上的太阳先是少了一块，像被咬了一口的苹果一样。紧接着被啃得越来越多，最后整个太阳便都没有了。原本朗朗的乾坤，一时如同黑夜，人们瞠目结舌，四处奔逃，十分恐慌。

于是有人上奏仲康，说主管天文的羲氏与主管历法的和氏终日沉湎于酒，玩忽职守，致使酒后误事，废时乱日，使时间造成混乱，给人类社会带来灾难。因此，必须依法惩治他们。

仲康闻奏大怒，立刻命令胤侯领兵去逮捕主管天文的羲氏与主管历法的和氏。胤侯一向对羲氏与和氏看法很好，认为他们都是对工作尽职尽责的人，怎么会突然糊涂起来犯下如此重罪呢？这其间恐怕

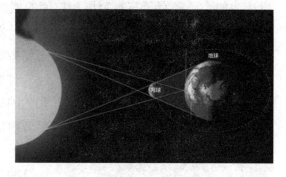

日食示意图

是另有隐情。但是天子之命不可违抗，只好率军前往。等见到羲氏与和氏时，才知道两人并不曾喝酒误事。他们告诉胤侯说，这种天象叫日食，日食是一种正常的天象，不是人类所能改变的。

于是，胤侯便带主管天文的羲氏与主管历法的和氏去见仲康，让他们解释清楚。尽管他们一再解释，但愚昧的仲康根本不相信科学，反而认为他们是在狡辩，仍然将他们治了罪。

夏代仲康时期距今约四千多年，这次日食的记录，是中国，也是世界上最早的日食记录。

借着这一次日食，也有人做起了仲康的文章。说之所以发生日食，完全是仲康放纵东夷部落不依法缴纳税赋的结果。只有讨伐后羿，让东夷部落按规制纳税缴赋，顺应天理，才不至于再发生朗朗乾坤太阳失色的怪事。

这些话传到了仲康的耳朵里，内心受到了极大的震动。细细一想觉得这话很有道理。自己的祖父禹，父亲启，都是多么了不起的人物啊！怎么到了他们这一辈儿，就这么懦弱了呢？不就是一个东夷后羿嘛，怎么能放任他们不缴纳税赋呢？

在祖父禹和父亲启的英名鼓舞下，仲康心中又充满了豪情。仲康七年，经过几年的发展和建设，夏王朝的军队逐渐强大起来，仲康认为如今已经有了与有穷国相抗衡的能力，便宣布不再向有穷国纳贡，并且命令有穷国继续向夏王朝缴纳税赋。

仲康画像

仲康八年，仲康单方面撕毁和约的行为激怒了有穷国国君，后羿再次率领本国军队入侵夏后氏领地。有穷军如狼似虎，作战十分骁勇。夏后氏军队虽然经过几年休整，但对有穷国的军队有了恐惧症，根本就不堪一击，闻风丧胆，节节败退，有穷国军队眼看就要打到夏都斟寻。

仲康九年，仲康在无奈的情况下，寻求到夏伯己樊的帮助，经过与后羿讲和，才以帝丘也就是今日的河南濮阳为都，开始了偏安一隅的统治。至此，后羿已经占领了绝大部分夏朝的土地，夏朝的政权已经被后羿牢牢地抓在了自己的手里。

仲康不甘心做傀儡，一心想夺回大权，曾派大司马胤侯去征伐后羿的党羽羲和，试图削弱后羿的力量，结果大败。

为了保住现有的江山，仲康又被迫和后羿讲和。但他一个被废黜的君王，哪里还有和人家讲和的资格？不但讲和没讲成，反而引起了后羿的警惕。原来这个失去了人民和土地的废帝，竟然还有复辟的野心呢！于是，后羿进一步限制了仲康的自由，把他软禁起来。

仲康忧郁成疾而死，终年六十岁。葬于安邑附近。仲康四十三岁即帝位，在位执政虚记十三年，卒于仲康十三年。

第十一章　后羿重蹈覆辙　寒浞斩草除根

太康被推翻，仲康遭软禁，一个原本兴旺的大夏王朝，转眼间就风光不再。要想再恢复往昔的繁荣，恐怕是非常艰难的事情了。

但历史不会留有空白，只要有人就肯定有故事。在夏王朝政权被篡夺的这段时间里，又发生了哪些启迪后人的故事呢？

现在咱们就来说说后羿和寒浞之间的那些龌龊事儿。按说他们的事儿是上不了大雅之堂的，但作为历史上的一段真实存在，了解一下还是有益处的。

却说这后羿把仲康软禁起来后，这夏朝的政权实际上已经被他牢牢地掌控起来了。他乘着夺取夏帝位置的余威，又南渡黄河，灭绝了封豨、夔、洛伯、河伯四个夏后属国，占据了嵩山北麓、河伯故地的大片土地。然后就久驻夏都斟寻，过起了帝王生活。

在刚刚夺取夏朝的政权后，后羿在君王的位子上，还是小心谨慎的。可过了没多久，见天下诸侯都承认了既成事实，便一天比一天放纵起来。他除了经常在宴会上喝得大醉外，还不时乘着酒兴，跑到山野里去射鸟打猎。

就在后羿纵马驰骋在田野和山林间的时候，有一双眼睛正紧盯着他宽阔的背影。那双眼睛里除了仇恨外，还有一种阴沉和贪婪。长着这双眼睛的人，就是后羿最信任的义子寒浞。寒浞紧盯着的可不仅仅是后羿的背影，还有后羿屁股下坐着的大好江山。

寒浞这个人，可不像后羿想象得那样简单。早在好久以前，后羿其实就已经落入了寒浞布下的陷阱中，只不过后羿浑然不知罢了。

寒浞是伯明氏后代，其祖为黄帝的车正哀，因哀有功于黄帝朝，黄帝将他封于寒，即今山东潍坊市一带，其属地称为伯明国，也叫寒国，其族人后来便以寒为姓。

寒浞出生在夏王仲康七年。父母把他视为掌上明珠，从小就娇惯溺爱，任由他胡作非为，因而便养成了目空一切横行霸道的毛病。别人有好吃的东西，他就硬抢过来吃；别人有好玩的东西，他便抢过来玩。打东邻骂西舍，无事生非，是他的家常便饭。别人和他理论，他便仗着体壮力大，根本不用嘴讲理，上来就是拳脚相加，十几岁时就搅得四邻不安。族人纷纷谴责他的父母，他的父母见他闹得实在不像话，不得不批评他几句，谁知他竟然把他的父母捆起来，照样出去为非作歹。邻居们只好告到族长也就是诸侯国君那里，惹得族长大怒，下令将寒浞驱逐出境，永远不准再回寒国。当时寒浞只有十三岁。

寒浞被驱逐出境后，没有丝毫的悔意。押送他的士兵问他是否回家与父母告别，他竟说不必了，毫不犹豫地与士兵上路，头也不回地走出了寒国。

离开故土后，寒浞一边走，一边盘算着自己今后的出路。这时他听说有穷国的国君后羿攻占了夏朝的国都，自立为王，号称天子，心里非常羡慕。他觉得后羿真是个了不起的英雄，便决定前去投奔他。

不想在投奔后羿的途中，在山中一户人家借宿时，寒浞遇见了一位奇人。因这位奇人十分喜爱寒浞的聪明伶俐，便想收他为徒。这一个意外事件，改变了寒浞急于投奔后羿的想法。他觉得如果能

古代的战争场面

有一身超凡的武艺，再去投奔后羿，也可以算作自己的资本。于是，经过一年多的时间，他学会了一身高超的武艺。

武艺学成了，寒浞却恩将仇报，用毒药把师父全家毒死，然后搜刮了师父的财物，放了一把火，把师父全家人和房子一起烧成了灰烬。他之所以这样绝情，只是恐怕师父再收别人为徒，将来与他为敌。

后羿十三年的秋天，寒浞辗转来到夏都斟寻，在城里住了十几日，好容易才找机会见到了后羿。他以自己的聪明才智和伶牙俐齿，赢得了后羿的青睐。后羿不顾大臣们的反对，把他留在朝中，并认他为义子。

寒浞知道自己名声不好，如果想在此长久立足，必须得改掉以前的恶习。于是他处处谨慎小心，每一件事儿都做得循规蹈矩，不敢有半点造次。期间，他一方面施展各种手段博取后羿的信任，另一方面又广交朝中权贵，努力减少自己的对立面。寒浞的努力，很快就见到了效果。后羿见他身体强健，勇武过人，聪明伶俐，又十分乖巧，于是便让他在军中当了个小头目。寒浞利用这个难得的机会，多次参加对诸侯的作战，也多次立功受奖。从军不到一年就成了勇武无敌的大将军。

这时，原来隶属于有穷国的方夷国突然反叛，停止纳贡，想脱离有穷国的管辖。后羿大怒，派寒浞领兵征讨，很快便大获全胜，方夷重新归顺有穷国。后羿十分高兴，便提拔寒浞为军队的左司马，相当于现在的副司令。作为一种奖赏，后羿还为他这个干儿子定了亲，帮他操办婚事，成家立业。

此后寒浞又经过多次升迁，竟然成了朝中的主政大臣。

和许多君王一样，有穷国君后羿在和平的环境下也开始腐化堕落起来，他贪恋女色美酒，喜好巡游打猎，把朝政上的一些事情全都委托给了义子寒浞。寒浞利用后羿给他的权力，结党营私，发展和壮大自己的势力。同时为取得后羿对他的更大信任，变着法地讨义父欢心。后羿好色，他便从各地挑选了许多能歌善舞的美女入宫陪伴义父作乐；后羿好酒，他便让各地献数百坛最好的美酒供义父享用；后羿喜欢打猎，他便从各地挑选了数十匹良马供义父出猎时骑乘，还培训了上百名打猎的高手供义父调用。后羿十分满意，他对朝中的大臣们说："有寒浞这样好的义子，这是我一生的福分。"

但是大臣武罗、伯因、熊髡、龙圉等人却站出来，极力反对后羿对寒浞的重用。他们认为寒浞这样做是把大王往邪路上引，这条路是亡国之路，前途将和太康一样十分可怕。他们建议后羿将寒浞免职治罪。后羿却连连摇头，说你们想得太多了，我待寒浞胜过亲生儿子，他怎么会害我呢？他不听大家的劝告，依然重用寒浞，依然沉醉于宫中的享乐。见后羿执迷不悟，那些曾经和他出生入死几十年的老臣便全都心灰意冷了。他们叹息说："有穷国完了！"

见后羿不听老臣们的纳谏，寒浞心里却十分得意。他觊觎王位已经很久了，他所做的一切都是在为夺取有穷氏政权做准备。他表面上尊敬地称后羿为义父，暗地里却骂他是老东西，老色鬼。

后羿十六年，后羿不顾群臣的反对，拜寒浞为相，让他总揽朝政。

后羿在宫中养了众多美女供自己淫乐还不满足，在五十八岁的时候竟然又纳了一位十八岁的少女为妃。

后羿十八年，有穷国的军队经过六年的休整，比以前更加强大。后羿再次调集军队，与夏王朝的残余势力展开了第二次决战。他仍命寒浞率主力部队攻打诸侯斟灌氏，斟灌氏首领姒开甲率军迎敌，中了寒浞的埋伏，伏兵四起，将夏军四面包围，姒开甲率将士拼死突围，最后全部战死。有穷军攻占了夏都斟灌，大肆屠杀城中百姓。幸存者皆被捆索为奴。

后羿十九年，寒浞乘胜进军攻打斟寻氏。斟寻氏首领姒木丁闻姒开甲战死，正欲兴兵为其报仇，如今得知有穷军又来进犯他的领地，大怒，立刻率军迎战。双方乘船在潍河（今山东潍坊境内）上展开了一场激战。当时的潍河水深流急，水面宽阔，适宜水战。姒木丁的军队多数不通水性，只能在船上与敌人厮杀。寒浞利用夏军这一弱点，派出了数十名水手潜入水下，凿穿了姒木丁的战船。夏军见战船漏水十分惊慌，斗志立即松懈下来。有穷军乘机攻杀，夏军大部落水淹死，幸存者亦被杀死。姒木丁也在混战中被寒军所杀。斟寻氏灭亡，其国土全部被寒国占领，其民大部分沦为奴隶。

后羿二十年，寒浞灭掉了斟灌氏和斟寻氏两大诸侯，除去了夏王朝的左膀右臂。紧接着便兵分三路围攻夏都帝丘。夏王姒相率城中军民拼死抵抗，终因势单力薄，挡不住寒军的强大攻势。寒军攻破帝丘，残酷地屠杀城中军民和夏后氏大臣，城中大街小巷，尸骨成山，室内户外，血流成河。

至此，夏王朝正式亡国，夏王朝的统治区域大部控制在了寒浞手里。只有夏王相带着一小部分残余势力，逃了出去。

占据了夏朝全部河山之后，后羿变得更加荒淫无耻，对寒浞也更加深信不疑。于是，寒浞也就愈发怂恿后羿外出巡游打猎。还肉麻地吹捧说："那些猎手们只有看到了你打猎时的风采，才知道什么是真正的射箭，什么叫真正的打猎。"

这话实在是说到了后羿的心窝子了。要说射箭，可真是后羿的强项。虽然他不是祖辈中那个射下了九个太阳的后羿，但射箭的本领却一点也不比祖辈差。因为他身上流淌的血，和祖先们身上流淌的血都是一样的。无论是在战场上，还是在巡游打猎，他的眼睛看到哪里，箭就射到哪里。不管是敌人，还是猎物，可以说是箭无虚发。

不想后羿有一天回来，却看到了一件让他十分羞耻恼怒的事情。他看到自己的干儿子寒浞，竟然和自己最爱的妻子纯狐氏在一起鬼混。他一时不相信自己的眼睛，这可是他最疼爱也是最信任的两个人啊，他们俩怎么会背叛他后羿呢？他们俩怎么可能背叛他后羿呢？

其实，后羿不知道，纯狐氏虽然表面上对他恩爱有加，心里其实对他恨之入骨。因为在后羿遇到她之前，她就有了自己的心上人，并且已经定下了迎娶的日子。就是因为这个强势的后羿，拆散了她的美好姻缘。幸好纯狐氏是一个聪明的女子，没有对后羿的强迫进行反抗，才免去了全家和心上人惨遭杀害的命运。但她心里的这个结，却紧紧地系着。为了报复后羿，纯狐氏认识了同样有着野心的寒浞，并暗暗帮助他一步步接近了权力的中心。

后羿目睹了寒浞和纯狐氏不堪入目的丑行，立即从腰中拔出刀来，要亲手杀死这两个忘恩负义的东西。可他哪里想到，自己虽然箭射得好，但刀却不如寒浞，他的刀还没有举起来，那寒浞手里的刀便已经插进了他的胸膛里。插进去以后，还又狠狠地转了一圈儿，咬牙切齿地说："你个老不死的东西。"

寒浞把后羿杀死后，就干脆自立为王，接管了夏朝的江山，其中自然包括后羿的有穷国。而那个纯狐氏，也就正式成了他寒浞的妻子。几年之后，纯狐氏还给寒浞生下了两个儿子。

寒浞政变以后，深知夏王朝的势力还没有完全剪除，他这夺来的江山，时刻都有被别人推翻的危险。而最危险的敌人，便是夏王朝在仲康之后又拥立的相。他要把这江山坐稳，就必须斩草除根，灭掉夏王朝势力的残余。

于是，寒浞便对相展开了追杀。相逃到哪儿，寒浞就追到哪儿。后来，相终于被寒浞杀了。那时候，相的妻子正怀着孕，为了逃避寒浞的追杀，不顾自己身份的尊贵，只好从墙洞里爬了出去，逃到娘家有仍氏部落，生下个儿子叫少康。

寒浞做梦也没有想到，正是这个遗腹子少康，却撑起了夏朝的江山社稷。

第十二章 少康砥砺复国 夏朝再度兴盛

寒浞为了窃取夏朝的江山，决心要斩草除根，一路追寻着夏王相，攻占了相居住的最后一个夏都。攻城之日，杀声震天，流血有声，见了人就杀，不放过一个。一时间城里的大街小巷，到处都是倒毙的尸体，惨不忍睹。

寒浞骑在马上，目睹满城疮痍，脸上浮现出狰狞的笑容。他以为把夏王的子孙都斩尽杀绝了，清除了霸占夏王天下的所有障碍。于是，便下令收兵，连着三日犒劳三军，酒宴接着酒宴，丝竹之声响彻昼夜。

可这个寒浞万万没有想到，就在他全力屠城时，有一位衣衫褴褛满面污垢的女人，借着渐渐变浓的夜色，神不知鬼不觉地从城墙下边的一个狗洞里爬了出去。她机警地躲避开哨兵的眼睛，从护城河岸边的小树林里爬了过去，向远处逃去。

这个女人可不是一般人，她叫后缗，是夏朝第五代君王姒相的妻子，有仍国今山东济宁首领有仍氏的女

少康画像

儿。在夏朝极为有限的文字里，后缗是留下文字记载的两个女人之一。另一个能够在历史文献中查到的女人叫喜。不过这两个人却不能同日而语，后缗是充满正能量的女人，而喜则就另一说了。由此可见后缗在夏朝历史上的重大贡献。后缗之所以能够被历史郑重地记上一笔，是因为她生了一个了不起的儿子少康。要是没有后缗，夏朝的历史也就不是现在这个样子了。

后缗之所以冒着生命的危险，从狗洞里爬出来逃命，是因为她担负着重大的使命。早在夏都被寒浞攻破之前，夏朝的第五代君王相，就已经意识到了夏朝江山局势不稳的严重性。于是，就对已经怀了身孕的妻子后缗交代说："自从你嫁给我，没有享受一天福。寒浞对夏朝的江山虎视眈眈，觊觎已久，难免要将我姒氏家族赶尽杀绝。如果真到那一天，你一定要千方百计逃出去，将腹中的孩子生下来培养成人，让他将来为我姒家报仇雪恨，重振河山。"

后缗果然不负所望，历经千辛万苦，逃回了娘家有仍。没过半年，便生下一个健康的男孩，她给这个遗腹子取名叫少康。

后缗之所以能受到后人的崇敬，主要贡献就是在少康的教育上。虽然后缗是一个亡国亡君的皇后，但她的娘家有仍氏还是很富有的，她带孩子少康依然能够过着锦衣玉食的富足日子。可后缗却没有娇惯儿子少康，从小就对他要求十分严格。可以说少康的童年和他的爷爷或父亲相比，简直有着天壤之别。

后缗在少康刚刚懂事时，就教他做人的道理。教育他要勤快，要干活，不劳动者不得食，要珍惜每一粒粮食。要用心读书，没有知识就担当不起大任。还要学会与人相处，不得歧视弱者。要知道高低是个人，长短是根棍。世界上只有不会用人的人，而没有没有用处的人。即使是那些身上有很多毛病的人，只要善于教育，巧于利用，也是能够做一些好事儿的。

有一天，少康由于贪玩，没有完成母亲指定的任务，后缗便对他进行了严厉的处罚。少康心里很是难过，问母亲为什么别的小孩可以任性地玩，而他就不能多玩一会儿呢？

后缗把少康拉到面前，含着眼泪对他讲了后羿代夏，寒浞血洗斟氏家族的悲惨遭遇。少康听后，心里十分震惊。这时他才知道，怪不得自己没有父亲呢，原来父亲在他出生之前，就被凶残的寒浞给逼迫得自杀了。要不是母亲怀着他从狗洞里逃出来，他少康也就不可能来到这个世界上了。从此以后，少康便变得不爱多说话了，因为他的心里已经埋下了一颗复仇的种子。他决心要为父亲和爷爷报仇，一定要用寒浞的脑袋来祭奠祖先的亡灵，把被后羿和寒浞窃取的江山再夺回来，再造夏朝的辉煌。

树立起雄心壮志的少康，迅速地成长起来，和同龄的孩子们比起来，他显得要成熟很多。他的外祖父见他谈吐不凡，眉宇间飞扬着一种英气，对他也就更疼爱有加，自然就格外地用心培养。小小年纪，就让少康担任了主管畜牧的领导。虽然官职不算很大，但也相当于现在的畜牧局局长了。

自小就在苦水里泡大的少康，更知道人情的冷暖。他怀着一颗感恩的心，对自己主管的畜牧事业十分用心，把工作做得是风生水起。尤其是他能够和基层的老百姓打成一片，十分关心百姓的疾苦，因此威望也日渐高涨。人们都说，到底是大禹的后代，果然有指点江山的气象。

不想少康日益增长的声誉，却给他带来了祸患。少康还活着并且越长越有出息的这件事儿，不知怎么走漏了消息，让寒浞知道了。寒浞听了大吃一惊，禁不住出了一身冷汗。夏朝的江山虽然让他从后羿的手里夺过来了，自己也在这君王的椅子上坐了好多年，但不管怎么说自己坐的这把椅子，是从人家手里窃取过来的。既然椅子的主人还活着，那么迟早有一天会把这椅子再夺回去。这让他心里十分紧张，更有些惴惴不安。

为了杜绝后患，寒浞立即派长子寒浇，率领着精锐的部队，前往有仍氏部落去追捕少康。并且命令儿子寒浇，活要见人，死要见尸，一定要把少康这个祸患铲除。

得道之人，自然会得到百姓的庇护。寒浇的队伍刚离开都城，便有人把消息报告给了有仍氏。于是，有仍氏便保护着少康早早地逃走了。

少康一口气跑到了河南的虞城，投靠了有虞氏的国君虞思。虞思见这少康生得器宇轩昂，心里便生出十分的喜欢。于是，便让少康担任了庖正的官职。庖正这个官职，主要负责管理伙食，相当于现在的司务长。当然，这是专门负责为国家领导人服务的，自然与一般的司务长不能同日而语。

少康知道自己是寄人篱下，做人做事自然也就格外小心谨慎。而他这样做的结果，则更加讨得有虞氏国君虞思的欢心。于是，有虞氏国君虞思便把自己一个叫大桃一个叫小桃的两个女儿，许配给了少康为妻。这样一来，少康对国君虞思就更加尊敬，更加感恩戴德起来。虞思对这个女婿少康也是越看越欢喜，于是，便给予了更加丰厚的封赏，不仅把城邑赐给他，还赏良田十顷，士兵500名。少康因祸得福，不仅逃脱了寒浇的追杀，还拥有了自己的一块根据地。于是，便广交天下豪杰勇士，决心要把复国的理想，实施为复国的行动。

这时，逃亡到有鬲（今山东平原）的夏国老臣伯靡，听到少康在河南境内建立起根据地后，心中大喜。于是，便暗中联络残存的族人，在不长的时间里，

少康为了复国开始反击

组织起了一支复国大军，浩浩荡荡地投奔少康而来。

有了自己的领地，又有了一支力量很大的军队，少康觉得时机成熟，于是便向寒浞宣战。

少康第一个进攻的目标，便是要夺取寒浞的长子寒浇的封国。寒浇之所以被少康列为第一个打击重点，是因为寒浞在窃取夏朝的过程中，他的长子寒浇一直充当着急先锋的角色，是寒浞最得力的鹰犬和干将。只要先消灭了寒浇，就等于砍掉了寒浞的左膀右臂。当寒浞只剩下一副躯干时，也就形同行尸走肉了。

少康虽然雄心勃勃，但毕竟年龄尚小，且力量有限，加之经验不足，很难一时取胜。而且，历史给他的时间和机遇都是十分宝贵的。他一旦不能取得成功，将不会有第二次机会。他只能胜利，不能失败。他赢得起，却输不起。

为了能够具有取得胜利的绝对把握，少康派出了一个叫女艾的美女，去完成一项艰巨的任务。这位美女女艾，是少康亲手培养起来的一位女将军，也是一名精明的情报人员。她的任务就是打进寒浇所在的城池里，去侦探敌人的虚实，为最后的主攻提供准确的情报。

女艾果然不负少康的厚望，在没有引起任何怀疑的情况下，打入了寒浇的内部，侦察到了不少重要的情报，并及时把这些情报送到了少康的手里。

女艾是中国历史上，也是世界历史上第一位有文字记载的女间谍。女艾的情报工作做得十分出色，在少康复国的大业中建立了不可磨灭的功劳。《楚辞·天问》中有一段描写，就叙述了女艾的事迹。

　　惟浇在户何求于嫂，何少康逐犬而颠陨厥首。
　　女歧缝裳而馆同爰止，何颠易厥首而亲以逢殆。
　　浇谋易旅何以厚之，覆舟斟寻何道取之。

这首诗是写少康在袭击寒浇的过程中，就有女艾的功劳。寒浇躲得很隐蔽，身披坚甲，以为万无一失。少康根据情报找到他，在田间放犬追逐，杀了浇，割下他的头。女艾对少康击败寒浞，显然发挥了至关重要的作用。

在攻克了寒浇的土地，杀了寒浇后，少康接着战胜了寒浞的次子寒戏，收复了中原地区的大部分土地，取得了恢复夏王朝的决定性胜利。接下来的事情，就是围攻寒浞的都城，以彻底完成复国大业。

由于歼灭了寒浞的有生力量，年至80岁的寒浞已经如同秋后的蚂蚱，根本就蹦跶不起来了。当他获知两个儿子都已经被少康杀死的消息后，支撑他的那根精神支柱便立即坍塌了。回想起他一生中的所作所为，浑身便不由得颤抖。他的眼前不时浮现出血流成河的景象，知道自己也难逃被别人所杀的悲惨下场。于是，只能躲在深宫里，让几个宫女陪着，战战兢兢地等待着即将来临的灭亡。

这个恶贯满盈的寒浞，万万没有想到，他的灭亡竟然来的是那样的迅速，那样的突然。在他看来，少康的部队打到宫里，起码也是几天以后。可他哪里想到就在他还躺在被窝里时，便杀进来一支小部队，将他从被窝里拖了出来。

原来，他的部下见大势已去，就突然开始反叛。这种突如其来的变故，让寒浞就是想自杀也来不及了。在这大冷天里，寒浞光着屁股，被他的部下送到了少康的手里。还没有等少康下令，寒浞便被愤怒的兵士们，一片一片地割肉，凌迟处死。

寒浞另一个儿子豷，也被剁成了肉酱。

至此，少康实现了重建夏朝的愿望，"家天下"的模式将继续延续下去。

重新获得天下的少康，谨记爷爷太康失国的惨痛教训，励精图治，勤政为民，实现了夏王朝的中兴。

少康在位21年，司马迁对他的评价很高，称赞他实现了夏朝的中兴。可是，他的"中兴"是番怎样的景象呢？很遗憾，史籍没什么记载，几乎一片空白。倒是传说窃国大盗寒浞治下轻徭薄赋、国运兴旺，挺奇怪！为什么只在乎少康复国，而不在乎他治国？是忽略，还是不堪目睹？这些历史上留下来的疑问，就只有靠你们长大后去一一破解了。

在这个"中兴"之世，我们想看的，没有看到，不想看到的，却在无意中看到了。像篡权、怠政、玩物丧志、阴谋、屠杀、酷刑、吃人等等，这些后世常见的丑恶现象，在那个时代居然早有了！由此可见，那个时代并不像儒家想象得那般美好，"礼崩乐坏"也并不是孔子时代才开始的事情。或者也可以说，根本就并不存在所谓"礼崩乐坏"这回事。因为远古时代，原本就不存在什么礼乐文明。越早期的人类，越多的带有兽性和野蛮。

关于少康复国之后的中兴，唯一的线索就是酒。如东汉的《说文解字》中就有记载："古者少康初箕作帚、秫酒。少康，杜康也。"秫酒就是用黏高粱酿造的酒。我们现代还常能饮到的"杜康酒"，渊源原来在此，少康是酒的祖师爷。只是因为有这样的线索，所以也有的说少康其实就是杜康。

酒可以作为盛世的标志。如唐宋盛世，满城酒香。然而，宫中酒气太盛绝不是什么好事。有人给少康的大爷姒文命进献一坛酒，让他美美地大醉一场。醒来，他深有感触地说："酒真是太好了！正因为如此，后世一定会有人为它家破国亡！"于是他下令禁酒，但他的子孙，还是不幸被他言中，一代又一代重蹈覆辙。启就"湛浊于酒"。一个被视为酒祖师爷的少康中兴，于百姓于历史有多大意义？

有历史学家说，"少康中兴"后历史沉寂了二百余年。对此中兴本身，有的历史学家还认为：姒少康的故事，在中国流传不衰。尤其当一个政府受到严重打击，失去大片疆土，岌岌可危时，一定会强调这个故事，用以鼓励士气和增加信心。

可见，这次中兴的意义仅如此。

但历史的发展还是有它必然规律的，概括起来就是谁顺应了历史的潮流，谁就能把江山坐稳，就能巩固手里的政权；谁逆历史潮流而动，就必然被淹没在时代前进的洪流之中。

少康复国后，夏朝又往后产生了12个国王。夏朝共传14代，共产生了17个国王，另有两个王，即有穷王后羿和伯明王寒浞，儒家史学不予承认，共计延续约470余年（前2070~前1600），最后为商朝所灭。夏朝17个王，其中病死的13个王；国亡后被饿死的1个王（桀）；自刎而死的1个王（相）；被夺去国政后凄凉而死的1个王（太康）；身为傀儡忧愤而死的1个王（仲康）。

夏朝最后灭亡的原因，还是归根于阶级社会的发展必然。夏朝的最后一个国王，就是夏桀。夏桀时期的中国，整个社会分成三大阶级：奴隶主阶级、奴隶阶级和平民阶级。奴隶主大多是由父系氏族社会末期的氏族贵族和部落首领转化而来的。他们在交换中夺取了大量的财富，在战争中扩大了权力，最终转变为占有全部生产资料和完全占有生产者本身的奴隶主阶级，成为社会的统治者，上古文献中的"百姓"指的就是这一阶级。他们整天沉迷在饮酒、打猎和歌舞之中，而不管奴隶们的死活。奴隶是由氏族部落之间的掠夺战争中得到的俘虏转化而来，也有一部分是氏族公社的贫苦社员沦为奴隶的。在奴隶主眼里，奴隶只是"会说话的工具"。奴隶被奴隶主成批地赶到农田里去种地、放牧，从事各种繁重的体力劳动。奴隶主可以随意把奴隶关进监狱，施以重刑杀害。夏桀这个夏朝的最后一任国王，和他的祖宗太康一样，整天沉湎于酒色之中，不理政事，最终失去了民心，被商朝取代。